# JOÃO KEPLER

# SE VIRA, MOLEQUE!

Prepare seu filho para construir uma vida com protagonismo, autorresponsabilidade, atitude empreendedora, realização pessoal e prosperidade

**Diretora**
Rosely Boschini

**Gerente Editorial**
Rosângela de Araújo Pinheiro Barbosa

**Editora Assistente**
Audrya de Oliveira

**Produção Editorial**
Fabio Esteves

**Preparação**
Rafaela Carrilho

**Revisão**
M. Almeida e Renato Ritto

**Capa**
Sérgio Rossi

**Projeto gráfico e diagramação**
Vanessa Lima

**Impressão**
Plena Print

Copyright © 2020 by João Kepler Braga
Todos os direitos desta edição são reservados à Editora Gente.
R. Dep. Lacerda Franco, 300 – Pinheiros
São Paulo, SP – CEP 05418-000
Telefone: (11) 3670-2500
Site: http://www.editoragente.com.br
E-mail: gente@editoragente.com.br

Este livro foi impresso em papel lux cream 70 g pela gráfica Plena Print em agosto de 2024.

Dados Internacionais de Catálogo na Publicação (CIP)
Angélica Ilacqua CRB-8/7057

Kepler, João
 Se vira moleque!: Prepare seu filho para construir uma vida com protagonismo, autorresponsabilidade, atitude empreendedora, realização pessoal e prosperidade / João Kepler. – São Paulo: Editora Gente, 2022.
 224 p.

ISBN 978-65-5544-021-8

1. Educação de crianças 2. Papel dos pais 3. Crianças - Formação 4. Empreendedorismo I. Título

20-2370                                                                                       CDD 649.1

Índice para catálogo sistemático:
1. Educação de crianças

# SUMÁRIO

**APRESENTAÇÃO** ............................................................................... 5
**PREFÁCIO** ....................................................................................... 8

**INTRODUÇÃO** NÃO HÁ LAÇO MAIS FORTE ................................. 11

**PARTE 1** O QUE SEU FILHO PODE SER AGORA ........................... 22
Capítulo 1 Sonhar e agir para ter novos resultados ........................ 24
Capítulo 2 Competências e habilidades imprescindíveis ............... 30
Capítulo 3 Mentalidade orientada para os negócios ...................... 37

**PARTE 2** AMAR E ENSINAR COMO SE VIRAR ............................... 49
Capítulo 4 Educação empreendedora como ferramenta
de transformação ............................................................ 54
Capítulo 5 Mude de perspectiva, planeje melhor .......................... 62
Capítulo 6 Iniciativas para semear felicidade nas crianças ............ 73
Capítulo 7 Filhos mais atentos e inteligentes,
com o apoio da ciência ................................................... 82
Capítulo 8 Meu filho não sai do quarto, nem da internet! ............. 91
Capítulo 9 Ferramentas para superar problemas
e ser um bom pai ............................................................. 99

**PARTE 3  ESTUDAR FICOU MUITO MAIS AMPLO** ............ 107
Capítulo 10  Educação Doméstica ............ 111
Capítulo 11  Educação Financeira ............ 131
Capítulo 12  Educação Física e Alimentar ............ 152
Capítulo 13  Educação Inclusiva ............ 157

**PARTE 4  A LÂMPADA MÁGICA** ............ 165
Capítulo 14  O propósito, a jornada e o sucesso ............ 167
Capítulo 15  Pessoas vêm antes de tecnologia e inovação ............ 177

**PARTE 5  PENSE ANDANDO, PRATIQUE APRENDENDO** ............ 183
Capítulo 16  Coisas que o dinheiro não compra ............ 184
Capítulo 17  O valor do amanhã: quando persistir ............ 189
Capítulo 18  Os guardiões da felicidade ............ 196
Capítulo 19  Você + seu filho transformando o mundo ............ 201
Capítulo 20  Razões para o insucesso ............ 204

**CONCLUSÃO  O QUE IMPORTA É RESULTADO** ............ 221

# APRESENTAÇÃO

Antes de começar a ler esta obra, eu gostaria de apresentá-la a você. Primeiro – e antes de tudo, em relação a própria palavra **moleque**, vejamos o porquê a escolhi para o título e como a trabalho e entendo nesta obra. Ao pesquisar sua origem e aplicação em alguns países e culturas, descobri que a palavra pode ganhar diversos significados, e para minha surpresa, até com conotação negativa. Mas aqui, a utilizo e a escolhi de forma unicamente positiva para ilustrar o que desejo passar com a palavra moleque, ou seja, um substantivo masculino que se refere a um menino jovem, de pouca idade, um garoto. Cabe ainda assim a definição um pouco mais abrangente como um garoto muito traquinas, menino muito sapeca e levado, que faz brincadeiras ou é brincalhão.

Sem contar que *moleque* é uma um termo que além de nomear um jovem normalmente na adolescência, também pode fazer referência a uma atitude, ao ser empregado para ilustrar uma postura impensada, temerária, arbitrária e irresponsável, mesmo de um adulto, nesse sentido é usado com valor pejorativo, mas como toda palavra em nossa língua, geralmente sempre existem diversos significados para um único termo e cabe a quem conduz a fala direcionar e se fazer entender em relação ao sentido que quer dar. De novo, aqui neste livro, sempre que a palavra *moleque* aparecer faz alusão a sua etimologia onde o termo "mu'leke" tem origem quimbunda e quer dizer, exatamente, menino.

Segundo ponto que eu gostaria de abordar aqui é o fato de que, quando se trata de educar, não existe uma "receita de bolo" que possa garantir aos pais a certeza de sucesso neste processo, caso sigam à regra o que lhes foi dito. Aliás, se fosse assim, boa parte das recompensas e da satisfação de ser pai não faria muito sentido porque o grande desafio, e o maior orgulho, é justamente conseguir encontrar sua própria "fórmula mágica" e fazer acontecer. Então, adianto logo que o que você irá encontrar nas próximas páginas é um modelo que deu certo pra mim, mas pode ser que não funcione para você e sua família. Isso porque pessoas são únicas, filhos são incomparáveis e as relações em si têm suas particularidades e intimidade. Ao final, se entender que não cabe para você o que foi mostrado, ótimo, terá certeza de que está no caminho certo e que deve continuar seguindo o seu modo de educar.

Acredito que preparar os filhos para a vida, e para o mundo, é a melhor maneira de tirá-los da redoma, instruí-los para o protagonismo, através do estímulo a autorresponsabilidade. A partir do momento que se tem consciência das suas ações e de que elas, consequentemente, acarretarão em consequências, todos os objetivos e sonhos se tornam mais reais, palpáveis, e por vezes, maiores do que a projeção inicial. Isso porque, com o autoconhecimento vem também a confiança e a certeza de que com dedicação e muito trabalho, nada é impossível de se alcançar.

Boa parte dos meus fundamentos se dão em função da adoção do empreendedorismo como estilo de vida e nesta obra isso também fica evidente. Desde cedo, na minha casa, estimulamos os nossos três filhos a empreender para que pudessem alcançar suas próprias realizações pessoais e profissionais. Uma postura ou atitude empreendedora diz respeito à forma de ver a vida, os desafios, as oportunidades e de também fazer novas escolhas a cada novo dia.

Portanto, o livro não é um simples manual, afinal, como mencionei na abertura da apresentação, não existem regras e receitas prontas quando se trata de educar os filhos. No entanto, os pais irão encontrar exemplos práticos que resultaram de erros e acertos de um pai empreendedor que

## APRESENTAÇÃO 7

acredita e explica por que as crianças devem adotar desde cedo um estilo de vida empreendedor. Chamo de estilo de vida porque empreender não se limita a realizações de ações profissionais, mas um verdadeiro empreendedor é ousado, consciente, curioso, disposto e convicto do seu papel na sociedade. E se seu filho (ainda) não apresenta tais características, não se preocupe. A boa notícia é que assim como quase tudo na vida, com boa orientação e direcionamento ele pode se tornar um autêntico empreendedor. Aliás, é justamente este o papel dos pais: indicar os melhores caminhos e dar condições reais para que os filhos façam suas próprias escolhas.

Nessa árdua e gratificante missão de educar filhos, para que eles venham a ser protagonistas da sua própria história, não são poucas as vezes em que os pais se veem diante de dúvidas sobre qual caminho seguir. O mundo vem mudando aceleradamente. Dentro desse processo de disrupção, nota-se que algumas famílias ainda estão perdidas e infelizmente sabe-se ainda que o empreendedorismo passa longe de ser estimulado dentro das residências. Por isso, vou mostrar por que é interessante que os pais ensinem esses princípios dento do ambiente familiar, valorizando a criatividade, a curiosidade e a postura empreendedora diante da vida. Com uma boa orientação, os filhos podem se tornar autênticos empreendedores, fazendo suas próprias escolhas e calculando os prós e contras do que irão escolher.

Com toda certeza, quando concluir este livro, os pais entenderão que com propósito, disciplina e dedicação, é possível tornar qualquer criança e/ou adolescente em um filho preparado, interessado e que conseguirá vislumbrar novas e promissoras possibilidades em sua vida.

Mais do que apontar respostas, o livro *Se vira, moleque!* apresenta-se como um espelho das novas relações entre pais e filhos a partir das experiências diárias vividas por mim. Não sou nem pretendo ser o dono da verdade. Minha proposta com esta obra é proporcionar uma reflexão saudável e que, pelo menos, meus fundamentos possam dar a você um "norte" por onde começar ou em relação ao melhor caminho para seguir.

**Boa sorte nesta jornada e boa leitura!**

# PREFÁCIO

**A**lgum desatento lerá este título e pensará: "Como assim, se vira moleque? Não é o papel do pai justamente instruir, guiar e iluminar seu filho?" Ao que respondo que sim, instruir e guiar e iluminar, mas não levá-lo no colo até fazer 40 anos.

A "geração canguru", aquela que sai tarde da casa dos pais, ou os chamados "nem nem", os jovens que nem estudam nem trabalham, são fruto de uma configuração familiar que, em contraste com a rígida geração anterior, se tornou muitas vezes omissa e conformada com a falta de iniciativa dos filhos. Uma falta de iniciativa que parte dos pais: terceirizamos tanto a educação das crianças para escola, *tablets* e amigos que não sabemos o que fazer quando nossos filhos estão perdidos. Ou seja, falhamos ao guiá-los e por isso temos de carregá-los pelo caminho.

Quando perguntei, certa vez, para meu avô se ele tinha participado da criação dos três filhos – minha mãe e meus tios – ele respondeu que, naquela época, estava mais interessado em conseguir dinheiro para que eles não morressem de fome. Trabalhou de caminhoneiro, viajou por todo o país e via as crianças de tempos em tempos. "Eu queria apenas que eles sobrevivessem", me disse.

Nossos pais queriam algo mais. Se a sua mãe era igual à minha, ela queria que você sobrevivesse e, se possível, se formasse em alguma boa faculdade. Que passássemos em um concurso público, este era o sonho de nossos pais. Estabilidade! Emprego fixo! Casa própria!

Mal sabiam eles que nós desejaríamos ainda mais para nossos filhos. Dane-se a estabilidade: queremos que nossos filhos sejam realizados. Pergunte para a maioria dos pais e eles dirão: "Quero que meus filhos sejam felizes". A felicidade, essa entidade difícil de entender e de agarrar, é um termo um pouco vago demais. Pais inconformados não querem apenas que os filhos sejam felizes: querem que façam outras pessoas felizes. E, para fazerem isso, esses jovens terão de desenvolver autoconhecimento, empatia, motivação interna, foco e resiliência.

Acho bonito como o João Kepler guia o Davizinho para que ele tenha um impacto no mundo. Para todos os pais participativos, filhos se tornaram nosso grande projeto de vida. Enquanto cresciam, víamo-nos neles. "Tem meu olhar", dissemos. "O nariz é da mãe", observamos. Mas aos poucos, daquela mistura de pai e mãe, de avô e avó, foi saindo outra coisa. Foi nascendo outra pessoa que não era nem pai nem mãe. Daquela mescla foi aparecendo outro ser, que era só ele. Nosso filho.

E todos os nossos conceitos de sucesso e felicidade acabarão reprogramados, porque nossos filhos não são nossos. Nossos filhos são deles mesmos. Terão seu próprio senso de realização, descobrirão caminhos para serem felizes e bem-sucedidos a seu modo, desejarão outras coisas para os próprios filhos. Coisas grandiosas, magníficas.

Nós somos os pais apaixonados pelo ofício da criação de outro ser humano. Depois de termos o impacto emocionante da chegada de um filho, de participarmos ativamente da sua formação, de guiarmos seus passos e iluminarmos suas dúvidas, depois de termos nos tornado torcedores fanáticos pelo seu sucesso, aguardamos ansiosos, com os dedos cruzados, que nossos filhos tornem o mundo um lugar melhor.

A nossa parte está feita. Agora, se virem, moleques!

*Marcos Piangers*
*Palestrante sobre tecnologia e inovação, criatividade e paternidade, autor do best-seller* O Papai é Pop *e pai de Anita e Aurora, as meninas que dão sentido a tudo que ele faz.*

# INTRODUÇÃO
## NÃO HÁ LAÇO MAIS FORTE

**P**erguntei para o meu filho:

– Davi, e a bitcoin, hein?

– Pô, pai, tá caindo! Numa hora dessas, você tem que fazer trading ou hold.

– E como é isso?

– Ah, comprando outras criptomoedas. Só tem que tomar cuidado com qual vai escolher.

– A gente tem que fazer o quê? Ler sobre cada moeda?

– Exato. Estudar a carta de várias, porque cada moeda é uma miniempresa. Tem sua tecnologia, qualidades e defeitos. Por exemplo, a bitcoin é um pouco mais lenta. Por isso, a tendência é que fique pra trás, vá pro museu como uma moeda pioneira, que levantou todas as outras. Mas não estou preocupado com o futuro dela. Eu só sei que comecei com 60 dólares e ganhei quatro vezes mais, somente fazendo trade.

– Cara, você tá me mandando fazer hold, ou seja, segurar minha bitcoin até que valorize. Deixar guardada. Mas, se ela que está caindo de valor, eu vou perder tudo, não?

– Hoje, infelizmente, esse valor ainda é especulativo. No futuro, não vai ser. Velocidade, segurança, privacidade... são nessas *características que as pessoas apostam. Como a toda hora algumas sobem e outras descem, quanto mais moedas você tiver, mais chances de lucrar.*

*– Então, maravilha. E o que eu posso comprar com criptomoedas?*

*– Existem várias ferramentas para comprar coisas no mundo real com as moedas de mundo virtual. A tendência é que virem mais comerciais e que as pessoas comecem a aceitar como dinheiro, meio de troca.*

*– Valeu. Eu vou lá, vou "tradear", deixar minhas moedas em* hold. *Agora, se eu perder, tu tá lascado comigo!*

*– Ah, tô nada. Eu ganho e dou pra você.*

E foi assim que meu filho do meio, Davi, um mês antes de completar 17 anos, me deu o caminho das pedras (ops, das moedas virtuais!) para entender melhor qual é esse mundo que ele está conquistando. Um diálogo como esse seria inimaginável pouco tempo atrás. E talvez seja estranho para muitos pais atuais.

É ótimo saber que *hold* significa segurar o ativo até valorizar; que *trade/trading* quer dizer comercializar, comprar e vender; e que *bitcoin* é só uma das várias criptomoedas, que utilizam a criptografia para garantir mais segurança em transações financeiras na internet.

Melhor ainda é ter esse momento de conversa, de troca de ideias, com pai e filho discutindo o presente, sentindo-se parte deste mundo atual e mirando o futuro... E como isso fortalece o vínculo! É o maior ganho para um pai.

Há muito se fala sobre a relação de pais e filhos, as sensações e os desafios que naturalmente surgem desse laço insubstituível e forte. Antes mesmo do parto, os pais são movidos por inúmeros sonhos e expectativas! E, sim, um filho tem a incrível capacidade de mudar a vida dos adultos de uma maneira definitiva.

Pode parecer clichê, mas é com eles que descobrimos o verdadeiro significado da palavra amor – mas também da palavra medo. Medo de errar, de vacilar e, principalmente, de não ser um bom pai ou mãe. Eu sei. **Meu amor e meu medo foram multiplicados por**

**três**, já que em 1999 me tornei pai do Theo. Depois, em 2001, do Davi e, em 2004, da Maria.

Minha esposa, Cristiana, e eu optamos por uma educação baseada na autonomia, na independência com responsabilidade e felicidade, de modo que nossos três filhos são instruídos sobre como as coisas funcionam no mundo real. E juntos fazemos um exercício gostoso e necessário de projetar o futuro. Como será?

Esse "como será" tanto para eles quanto para nós, pais, já que ganhamos pelo menos quinze anos a mais de longevidade graças aos avanços tecnológicos. Eles participam de alguma maneira das discussões e dos projetos familiares, desde uma viagem de férias até o rumo de nossos negócios, conscientes das perdas e dos ganhos, do puxa-daqui-estica--dali que todos os pais conhecem bem.

Lá em casa nunca existiu essa história de "O que você vai querer ser quando crescer?". As coisas sempre foram no presente e mirando o futuro! **"O que você quer ser agora?", "O que quer começar desde já?"** Como pai, sempre falei que eles poderiam ser o que quisessem, explorando melhor suas potencialidades e capacidades, independentemente da idade.

Aliás, a juventude dá uma enorme vantagem, pois facilita testar, experimentar e conhecer o mercado antes de ter uma família e maiores responsabilidades com os outros. E isso mudou completamente a vida deles desde cedo!

Faz alguns anos que venho abordando de maneira recorrente a fragilidade da educação convencional, que majoritariamente ainda é aplicada na formação de nossas crianças e nossos jovens. O que eu proponho, então? Uma educação empreendedora, autônoma e alinhada às demandas atuais e futuras, como vamos abordar nas páginas a seguir.

Experimente se colocar na posição de observador e perceberá uma geração atual de pais perdidos, sem saber ao menos qual o melhor rumo a seguir. E é aí que mora o perigo. Ausentar-se ou delegar a outros a função de educar é um equívoco, assim como proteger e zelar em excesso.

A criança fica sempre muito atenta ao comportamento e às atitudes dos pais. Pudera. São as primeiras figuras de contato dos filhos com esse mundo, uma espécie de porta-vozes desses novos tempos. Os responsáveis por transmitir as primeiras informações e interpretações sobre o mundo em que crescerão.

Ser pai é cuidar, mas acima de tudo, orientar e apresentar as flores e os espinhos. Proteger é ser justo, ter controle, mas é fundamental apoiar. Definitivamente não é tarefa fácil ensinar aos filhos crenças e valores morais, sociais, religiosos, regras e conceitos, e ainda cobrar limites, para que estes se tornem adultos responsáveis, produtivos, felizes e aptos a viver em sociedade.

## Se vira, moleque!

Começo fazendo uma alerta aos que agem como "pais helicópteros", um tipo bem comum nos dias de hoje. Você conhece os conceitos de hiperpaternidade? Abrange aqueles que voam no entorno e ficam dando tanta, mas tanta atenção e mimando acima do necessário, que acabam limitando a independência, a liberdade e o desenvolvimento autônomo dos filhos.

Os meus, os seus e todos os outros precisam aprender a lidar com os próprios problemas, desafios, desconfortos e surpresas da vida, igual a qualquer pessoa. Já a superproteção ou hiperpaternidade daqueles que resolvem tudo pelos filhos causa estragos no período de formação.

Tenho certeza de que a minha técnica "se vira, moleque" deve ser aplicada em todas as fases, especialmente na infância e adolescência, quando fortalecemos as estruturas emocionais de nossos filhos.

No meu primeiro livro, *Educando filhos para empreender*, lançado em 2016, mostro como essa "bolha da superproteção" afeta o desenvolvimento do ser humano. É claro que é difícil, no dia a dia, evitar essa hiperpaternidade. Na cabeça e no coração dos pais, eles fazem tudo que está ao seu alcance para que seus filhos sejam bem cuidados, amparados e felizes.

É óbvio e muito natural que os pais (superprotegendo ou não) comemorem cada conquista dos seus filhos e sofram com suas frustrações e fracassos. O importante é saber como lidar com isso desde cedo, e é fundamental ressaltar que o carinho e o amor ainda continuam sendo os melhores remédios para se combater todos os males que a vida adulta pode apresentar.

O controle em excesso é que tende a gerar um resultado muito diferente do projetado, em geral traduzido por afastamento e irritação. Além de ser exaustivo a ambos, altos índices de exigência são inevitavelmente prejudiciais. **Já somos muito cobrados da porta para fora de casa, por uma sociedade cada vez mais competitiva. Por que fazer isso dentro de casa também?**

Adianto que não estou aqui para criticar as diretrizes da educação que é comumente aplicada geração após geração. Apenas quero alertar que fazer com que seu filho estude nas melhores escolas e universidades, tendo acesso ao melhor que o dinheiro pode oferecer, não significa que ele será um ser humano feliz – muito menos vitorioso em suas escolhas quando chegar à vida adulta.

Errar, cair e levantar, experimentar frustrações – porque não se pode ter tudo mesmo ou porque um plano foi mal calculado – trazem aprendizados preciosos, preparam para a montanha-russa que é a vida; e, assim como os filhos, os pais também precisam entender e valorizar isso!

A superação e o aperfeiçoamento devem ser constantes quando se trata da arte de educar. Para que seu filho consiga ter atitude e dar respostas adequadas aos desafios, ele espera encontrar em você um mentor, não um ditador intransigente que apenas cobra o melhor dele sempre.

Às vezes, o que falta é compreender que talvez um filho não precise ser o melhor, mas realizar-se com as **próprias escolhas!** Já pensou que vale a pena motivá-lo a encontrar os próprios caminhos, muito mais do que desenvolver receio do fracasso e da cobrança? Em meio a todos os desafios a que será exposto durante sua jornada, ele precisará ser forte para enfrentar a situação, e não um maratonista para fugir de tudo e de todos.

## O pai de hoje é mentor

Nesse contexto, surge a figura do pai mentor, que é basicamente um guia, mestre, conselheiro, pensador. Não é para qualquer um. É preciso ter experiências práticas, conhecimentos e vivências para partilhar com seus mentorados.

É aquele pai que já desbravou caminhos, ultrapassou barreiras, fez acontecer, chegou lá de um jeito ou de outro, e agora está disposto a compartilhar seus erros e acertos, sonhos e conquistas. Ele é diferente de um professor, instrutor, facilitador, consultor, entre outras denominações.

Um mentor faz perguntas, e não somente aponta o caminho feito pelos outros, porque já passou por determinadas situações e sabe que cada um constrói a própria história. Propõe desafios, levanta questões e faz a criança perceber por conta própria que, sem mudar as atitudes, não se muda o resultado.

No entanto, é preciso cuidado, pois tal mentoria não representa um atalho para o sucesso do filho. **Lembre-se de que nenhum pai, mesmo sendo um excelente mentor, faz milagre ou mágica.** No entanto, são nossos primeiros heróis. Pessoas nas quais nos espelhamos e nos movem a querer fazer as coisas de um jeito parecido com o delas.

"Se eles conseguiram, eu também posso!" é o tipo de pensamento capaz de fazer com que seu filho se sinta especial e esteja sempre motivado a experimentar coisas novas. E isso vai impactá-lo positivamente na sua autoestima e autoconfiança, deixando-o mais autônomo para fazer melhores escolhas e ir desenhando o próprio destino.

Este é meu objetivo como escritor: orientar os pais para que eles possam educar seus filhos com base em fundamentos e pilares a serem desenvolvidos por quem deseja ser protagonista, não vítima do mundo atual e futuro.

Estamos num momento que requer dos pais e educadores ao menos atenção. Se as previsões do professor Yuval Noah Harari, da Universidade Hebraica de Jerusalém, estiverem corretas, um dos efeitos do avanço da inteligência artificial é que uma nova classe de pessoas deve surgir até 2050: a dos inúteis.

"São pessoas que não serão apenas desempregadas, mas que não serão empregáveis", disse em seu artigo para o jornal britânico *The Guardian*[1]. Portanto, a grande questão para os pais de hoje será como preparar seus filhos para que eles se mantenham satisfeitos e ocupados no futuro.

O próprio Harari tem uma resposta: "As pessoas devem se envolver em atividades com algum propósito. Caso contrário, irão enlouquecer. Afinal, o que a classe inútil irá fazer o dia todo?".

Se você está com este livro em mãos, já é um excelente sinal, pois significa que tem consciência da sua responsabilidade e se preocupa verdadeiramente com a formação do seu filho. Mais do que isso: entende que deve prepará-lo para a vida – e eu garanto que ela será muito diferente da que você viveu até agora.

As próximas páginas trazem principalmente uma coletânea de lições e aprendizados baseados em erros e acertos que tive com meus filhos.

Todos têm uma mentalidade orientada para negócios e já estão preparados para vencer as adversidades e buscar o sucesso.

Além de traduzir uma jornada de experiências reais que vivi dentro de casa, nos negócios, nas palestras, busquei perceber e extrair os conhecimentos básicos que os pais do presente e do futuro próximo precisam saber, reavaliar e experimentar.

Acredito realmente que, quanto mais cedo ocorrer essa atualização da educação, mais eficaz ela será. **Vai moldar não só futuros empresários e líderes, mas adultos mais preparados e capazes de enfrentar qualquer dificuldade no âmbito pessoal ou profissional**, porque terão desenvolvido as novas competências e habilidades necessárias para vencer.

Sempre é tempo para começar. Porém, quando essa preparação para o mundo atual é praticada com os filhos desde que nascem, o seu

---

[1] HARARI, Yuval Noah. **The meaning of life in a world without work.** The Guardian, Londres, 08 mai. 2017. Disponível em: https://www.theguardian.com/technology/2017/may/08/virtual-reality-religion-robots-sapiens-book. Acesso em: 05 mai. 2020.

impacto pode ser tremendo. E já pensou que, se cada pai e cada mãe fizer bem a sua "lição de casa", juntos vamos transformar para melhor a nossa economia e sociedade como um todo?

Diante de tamanha responsabilidade, jamais terceirize a educação dos seus filhos. Em artigo para a IstoÉ[2], Mozart Neves recuperou uma fala do Papa Francisco em uma Audiência Geral de maio de 2015: "Chegou a hora de os pais e as mães voltarem de seu exílio – porque se autoexilaram da educação dos próprios filhos – e recuperarem suas funções educativas, reapropriando-se de seus papéis insubstituíveis".

Note que nesse contexto, quando uma pessoa me procura e diz que está com sede, ela não espera que eu lhe dê a fórmula da água, muito menos que abra um livro e comece a explicar a importância das chuvas e os benefícios para a saúde do homem. O que interessa é descobrir onde existe uma fonte de água potável e matar a sua sede. Quem tem sede não quer explicações, quer uma jarra d'água, de preferência cheia e bem fresquinha. Usei esse exemplo para mostrar qual a função do mentor na vida dos filhos. Na prática, aplicando esse exemplo em um contexto real, o papel do mentor seria mostrar as alternativas e os caminhos para se conquistar a água desejada.

Observe que não estou falando em pegar a água e servir, não se trata de dar o dinheiro e levar o filho até a porta para que ele compre a água. Estou falando em dar a ele informações suficientes para que consiga matar a sua sede, mas deixar que faça suas descobertas e chegue até a água sozinho.

O mentor é basicamente o guia, o mestre, o conselheiro, o grande pensador. Ser mentor não é para qualquer um, é preciso ter tido experiências práticas e usar os próprios conhecimentos e vivências na sua área para poder partilhá-las com seus mentorados. É aquela pessoa que já desbravou caminhos desconhecidos, já ultrapassou barreiras e que,

---

[2] NEVES, Mozart. **O papel dos pais na educação dos filhos.** IstoÉ, São Paulo, 08 fev. 2017. Disponível em: https://istoe.com.br/o-papel-dos-pais-na-educacao-dos-filhos/. Acesso em: 05 mai. 2020.

constantemente, supera as próprias limitações em busca do autoconhecimento. Pessoas assim são tidas como exemplo, porque chegaram lá, ou seja, se tornaram uma referência por conquistar seus objetivos e realizar seus sonhos e que estão dispostas a compartilhar seus erros, acertos e conquistas. Observe ainda que, nessa linha, um mentor se diferencia de um professor, instrutor, facilitador, consultor, que cumprem outros papéis.

> **Cuidado! O mentor não é um atalho para o sucesso, não pode ser enxergado assim. O caminho é sempre longo e os atalhos são ilusões. O mentor não faz milagre nem é mágico. Ele ajudará a incentivar e a ampliar a visão – principalmente, fazendo pensar – e a questionar as escolhas e decisões, para que o mentorado tenha convicção do que está fazendo.**

Encontrar os melhores caminhos não é uma tarefa fácil! Entretanto, por ter tido experiências semelhantes ao longo da vida, ele é capaz de reconhecer e indicar as melhores rotas; trata-se de direcionamento.

Todos precisam de mentores, até os que se acham mais experientes e seguros. Sozinho é muito mais difícil seguir na trilha ideal quando se tem uma infinidade de opções. Eu, por exemplo, apesar de ser mentor de vários empreendedores, tenho os meus mentores, os meus ídolos, as pessoas que me inspiram positivamente. Sempre que preciso, recorro a eles. E sou muito grato por poder contar com essa ajuda, sou grato inclusive aos "nãos" que eles já me deram e que me fizeram ser quem eu sou hoje.

Mentoria, na prática, são conversas, debates e reuniões com ou sem métodos predefinidos sobre assuntos ligados à sua jornada e ao seu negócio. Esse processo possibilita o aprendizado e o desenvolvimento, porque a troca de ideias e de informações ajuda a expandir os horizontes das possibilidades. No entanto, atenção: é preciso fazer a sua parte e não transferir para o mentor a responsabilidade de encontrar soluções rápidas para todos os seus problemas. O papel do mentor é ajudar a olhar por outras perspectivas, a formular respostas corretas, pegar na mão e mostrar validações por meio de exemplos, ajudar a perceber o que precisa ser avaliado no momento em que você mesmo toma as próprias decisões.

Se o seu filho está indo por um caminho que você tem certeza absoluta de que não o levará a lugar algum, ou que poderá inclusive prejudicá-lo, seu papel como mentor é dizer algo do tipo: "Você tem certeza de que o caminho é este mesmo? Já pensou em fazer assim ou assado? Talvez se você for em tal lugar possa ter novas ideias e ver como tudo funciona por lá". Jamais tente impor nada, muito menos a sua opinião. Mostre que a decisão é dele, mas que existem outras possibilidades.

O mercado respeita quem é mentorado por aqueles que já conseguiram obter êxito no seu papel. É a adaptação do velho ditado: "Mostre-me quem é o seu mentor, que eu te direi aonde vai chegar!". Os pais, por si mesmos, trazem uma bagagem de experiências que podem e devem repassar aos seus filhos em forma de mentoria. É preciso diferenciar, sim, a hora de ser o pai amigo, educador, disciplinador, a hora de brincar e a hora de direcionar seu filho, de mostrar a ele os melhores caminhos e possibilidades, afinal, todo pai deseja ver seu filho bem, feliz e realizado.

E como eu disse, ter um mentor (ou vários) na vida não precisa ser necessariamente apenas na relação entre pais e filhos. Aliás, se os pais que estão lendo este livro se interessarem, podem buscar um mentor para eles e, consequentemente, este se torne um mentor para seus filhos. A minha dica é: olhe, em especial, o *track record* da pessoa, o que já realizou, as empresas de que participou, onde trabalhou, sua experiência como mentor. Veja também o que pensa, escreve e fala em *posts*, artigos e eventos. Se conhecer alguém que já se aconselhou com ele, melhor ainda. Procure pelo passado dele, o que ele já fez, não somente o passado moral, mas a experiência efetiva naquilo que você precisa dele. Ou seja, como esse mentor pode ser útil na sua questão específica? Pode ser um ou mais mentores, porém, o ideal é que sejam especialistas nas áreas em que você tem mais dificuldade e precisa de ajuda. Quanto mais específico você for, neste momento de definir os objetivos, melhor.

Mentores são os nossos heróis, aqueles nos quais nos espelhamos e, de alguma maneira gostaríamos de fazer as coisas do mesmo modo que eles ou sermos iguais a eles. Daí a importância de escolher o mentor correto, para que ele sirva como inspiração. "Se eles conseguiram, eu também posso!", pode fazer com que você se sinta especial e que isso impacte positivamente na sua autoestima, na sua autoconfiança e, sobretudo, nas suas escolhas e no seu destino.

**O tempo é único e não volta. Portanto, pais, façam a sua parte!** Que sejam exemplos para seus filhos. Que se preocupem com uma educação empreendedora, para favorecer que eles construam um legado de boas ações, de colaboração, de gratidão, de atitude, de resiliência e de muito trabalho.

Esse mundo precisa demais dos seus filhos para ser melhor. Aproveite a leitura!

# PARTE 1
## O QUE SEU FILHO PODE SER AGORA

Na minha atividade, convivo com vários tipos de empreendedores e de executivos que atuam em empresas de configurações variadas, desde startups e micro até multinacionais. Posso dizer que a questão da inovação, da tecnologia, não diz respeito apenas aos jovens, e sim ao momento.

Pessoas de diferentes faixas etárias e momentos de vida têm de conviver com isso. Já está presente no dia a dia (quem ainda não sentiu diferença no jeito de fazer uma transação bancária, pagar uma conta?) e crescerá ainda mais no futuro.

A grande preocupação hoje, diante de tudo o que está acontecendo, é com a questão do emprego. Como é que a inovação vai afetar os postos de trabalho? Quais serão as carreiras do futuro? A minha ideia, ao escrever este livro, é de colaborar com os pais nesse entendimento atual, a fim de que eles possam **orientar seus filhos na direção para onde o mundo está indo, e não na contramão.**

Isso é importante para que os pais possam avaliar se os cursos, as escolas, as amizades, até as conversas na hora do jantar estão voltadas para o mundo de anos atrás ou à frente. Se tudo isso já era uma preocupação quando eu escrevi meu primeiro livro, *Educando filhos para empreender*, agora pode multiplicar essa preocupação por dez, cem, mil!

A inovação já aconteceu algumas vezes no mundo, na história da humanidade. É sempre assim. Ela chega primeiro; e faz com que as pessoas também mudem, se adaptem, criem novas soluções e, assim, continuem evoluindo. Vamos nessa?

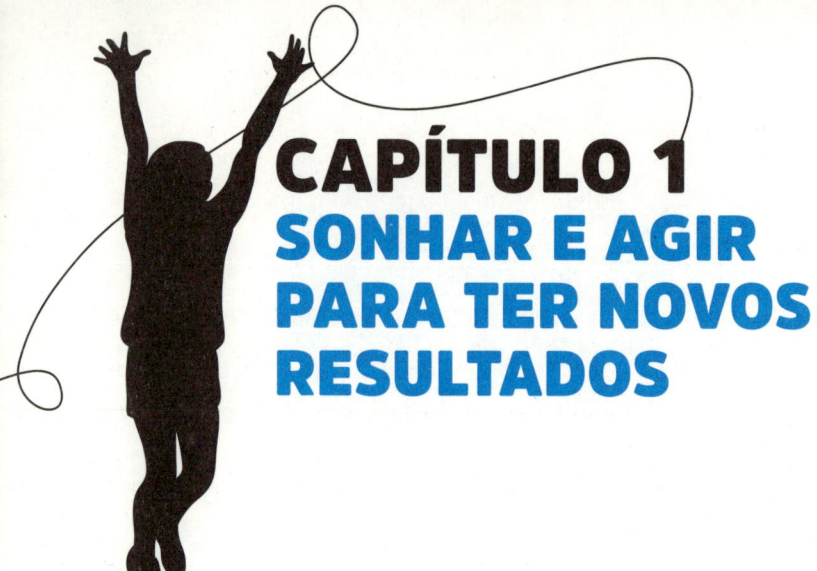

# CAPÍTULO 1
## SONHAR E AGIR PARA TER NOVOS RESULTADOS

**E**xistem várias maneiras de educar filhos; mas, naturalmente, os pais tendem a reproduzir a criação que tiveram. Isso é para o bem e para o mal. Daí, tornam-se espelhos para seus bebês, que vão se formando à sua moda e semelhança.

Mas será que essa preparação de duas décadas atrás serve para os dias de hoje? O diálogo que reproduzi na introdução deste livro dá uma pequena amostra de que o mundo que os seus filhos vão encontrar é muito diferente. Por isso, eu me preocupo bastante em preparar os pais:

- **Conscientizando-os sobre a urgência de atualizar crenças, percepções e atitudes.**
- **Mostrando que não dá para criar os filhos da mesma maneira como foram criados.**
- **Convidando-os a abrir sua mente para a inovação e outros conceitos disruptivos.**
- **Reforçando a importância de passar valores, de conversar, fazer mais perguntas do que dar respostas e dar bons exemplos.**

Somente assim teremos lares mais adaptados às demandas contemporâneas, com um ambiente propício ao sucesso futuro das crianças e dos jovens. Não sou pedagogo ou psicólogo, mas tenho a oferecer relatos e exemplos de quem tem acompanhado de perto a evolução, a felicidade e o sucesso dos filhos na vida e nos negócios. E não pense que foi fácil!

**Tudo que a minha família conquistou até aqui é fruto do método mais eficiente e educativo que existe: a experimentação.** Foi tentando mesmo, errando e acertando. Afinal, não existe fórmula mágica ou um manual de como sermos bons pais.

É dolorido para alguns pais constatar que o filho está crescendo e que não é capaz de pensar e tomar decisões sozinho. Tratá-lo como eterna criança pode provocar uma sucessão de erros. Tais como:

- **Ele ficará acostumado a receber tudo de mão beijada, sem participar de nada, apenas obedecendo ao que você disse para fazer.**
- **Ele não saberá lidar com problemas futuros por não compreender que, lá atrás, foi preciso que alguém resolvesse ou tomasse decisões (e nem sempre os pais estarão do lado e disponíveis para resolver tudo).**
- **Ele poderá se tornar um adulto psicologicamente dependente dos pais. No mundo real, longe do conforto do quarto ou da segurança da sua casa, o "superprotegido" ficará mais suscetível a depressões e outras doenças. Isso porque, nas primeiras decepções que ele tiver, deverá se sentir impotente, fraco e despreparado para lidar com as situações que acontecem no dia a dia.**

Como esse mundo é novo para todas as faixas etárias, a educação será muito mais de troca, pois os pais também vão ter muito a aprender com os filhos – para a sobrevivência, inclusive profissional, dos próprios pais. Muitos adultos, especialmente os mais maduros, acham que mídia social é só Facebook.

Aplicativos como o Snapchat já entenderam que precisam criar "cenouras", por meio de gamificação, para engajar os jovens, evitando que eles se dirijam para outros aplicativos. E vale a pena o pai saber desse modelo, por meio da experiência dos filhos, até para levar para os próprios negócios.

É um aprendizado em conjunto e constante. E o que virá amanhã? O fato é que não sabemos, mas é notório que, por exemplo, as indústrias automobilística e farmacêutica estão mudando completamente. E isso precisa se refletir em mudanças na educação praticada dentro de casa.

Acredito que, em breve, a própria instituição Escola passará por profundas transformações estruturais para atender às novas demandas e necessidades das crianças, já que elas próprias estão buscando informações e aprendizados complementares à grade curricular tradicional.

Como tudo que diz respeito à formação dos meus filhos me interessa, estou sempre me atualizando para dar embasamento às minhas decisões. E, independentemente de concordar ou não com a metodologia de ensino tradicional, defendo que é função dos pais estimular a busca pelo conhecimento complementar, além da sala de aula.

E ninguém precisa ser especialista para saber que, infelizmente, o cenário do ensino médio no Brasil é temerário. Adotei na minha casa a política da criatividade, do estímulo à curiosidade e da experimentação. Quando as crianças desenvolvem a segurança de confiar em seus pais para compartilhar seus erros, dúvidas e aflições, a relação se fortalece e ultrapassa os portões de casa, como tem de ser.

## O empresário arrojado e a vendedora nata

Quem acompanha meu trabalho sabe que eu sempre falo sobre as experiências que tive e sobre as melhores práticas que aplico na educação dos meus três filhos. Neste livro, para falar de como me tornei o pai que sou hoje, preciso começar apresentando meus pais, Seu Braga e Dona Yolanda.

Esse paraibano que rodou o Brasil todo foi para Macapá, até que se instalou em Belém do Pará. Era um empresário arrojado e com boas condições financeiras a vida toda. E a minha mãe? Uma guerreira, que o acompanhou o casamento todo, mas sempre com suas iniciativas empreendedoras paralelas. Mulher de fibra, vendedora nata. Tudo que eu sei na vida sobre vendas devo a ela. Eu a via fazendo e sabia que só precisava segui-la.

Fiz essa breve apresentação por um motivo. Apesar de ter boas condições financeiras, como mencionei, meu pai nunca me deu nada. Ainda jovem, eu o culpava por isso. Não era um monstro, mas me disse apenas: "Se vira, moleque!".

Ele não me instruiu no sentido de qual caminho seguir, não pegou na minha mão e não me ajudou a pescar (mesmo quando eu tive que descobrir o rio por conta própria). Precisei aprender tudo sozinho, até o significado da palavra resiliência.

Fui perceber anos depois, quando construí minha família e tive meu primeiro filho, a importância dessa conduta comigo. A verdade é que levei mais de vinte anos sem entender por que ele me tratava daquela maneira. Todos os meus amigos tinham tudo, e eu não tinha quase nada.

O que Seu Braga fez por mim foi a coisa mais importante que um pai poderia ter feito por um filho. Eu literalmente aprendi a me virar. Tropecei, caí, me levantei e fiquei mais forte a cada recomeço e nova escolha. Fui me tornando mais confiante, determinado e dono das minhas decisões.

Exatamente por isso, entre erros e acertos, fracassos e sucessos, eu procuro educar meus filhos com base nos princípios do empreendedorismo. Isso porque empreender, para mim, é muito mais do que fazer negócio. É mais ou menos como meu pai fez comigo, mas de uma maneira mais processual, inteligente e menos traumática.

Eu descobri muito cedo como a vida funcionava de verdade. Que bom! A experiência e a prática contam muito na hora que você se torna pai. Tive a certeza de que cumpriria bem o meu papel se fosse um mentor presente, mostrando as barreiras, as dificuldades, aconselhando – mas sem fazer como muitos, que querem impor o caminho que o filho deve seguir e, assim, acabam criando inúmeras barreiras entre eles.

**Lembre-se de que o seu papel é cooperar, e não limitar! Além disso, liberdade e exemplo são fundamentais.** Não adianta falar uma coisa e fazer outra. É preciso impor limites, sim, mas também respeitar as escolhas e decisões dos filhos.

Meus três filhos já tocam seus negócios. Maria, a caçula, adora cozinhar. Já vendeu *cupcakes*, churros e brigadeiros na escola e aceitava encomendas via WhatsApp. Hoje, está montando um e-commerce. Davi criou e vendeu a startup List-It para compra e entrega de listas de material escolar e hoje tem um treinamento para jovens protagonistas. Theo, o mais velho, tem uma agencia de DJs e trabalha na corretora Rico, da XP.

Alguns pais têm vergonha de deixar o filho vender coisas no prédio ou na escola, e ainda demonstram isso a ele. Essa atitude só colabora para criar um bloqueio futuro. Independência cria confiança: quem não quer que seus filhos sejam independentes e bem-sucedidos?

Brinco que meus maiores "empreendimentos" são meus três filhos. Eu nunca dei mesada a nenhum deles, mas sempre os orientei mostrando opções e caminhos. Compartilho momentos bons e ruins também! Afinal, eles precisam conhecer a real situação dos pais (seja ela qual for).

### PEQUENA CARTA DE INTENÇÕES DE PAI

**A família se fortalece sobretudo quando os membros encontram juntos as soluções para os problemas. Eu quero que eles:**

- **Tenham paixão** pelos desafios da vida, desenvolvam responsabilidade, resiliência e comprometimento com o próximo.
- **Pensem no legado** que vão deixar no futuro, sabendo também ganhar e administrar o próprio dinheiro.
- **Sejam independentes,** conhecendo todos os seus limites.

Basicamente, quero ter a tranquilidade de saber que, quando eu não estiver mais por aqui, eles ficarão bem, seguindo o caminho que cada um escolheu.

Algumas coisas a gente só percebe tempos depois, mas outras, podem começar a mudar agora. Eu o convido também neste livro a rever suas atitudes, escolhas, não ter medo de voltar atrás e fazer de novo. Assumir a culpa, pedir desculpas, dar o primeiro passo.

**A distância entre o que você deseja e o que você vive hoje está na postura que adota.** Por mais que alguns pais se assustem com essa afirmação, todos os que puseram filhos neste mundo são 100% responsáveis pela formação deles. Portanto, precisam ajudá-los a encontrar o próprio caminho.

> **Nunca tire conclusões sobre os outros baseadas apenas no seu pensamento, no seu momento ou na sua situação pessoal ou profissional. Observe todas as perspectivas antes de emitir sua opinião pública. Independentemente da sua 'dor' ou 'convicção', seja cauteloso no que externa, lembre-se de que palavras não podem ser apagadas.**

# CAPÍTULO 2
## COMPETÊNCIAS E HABILIDADES IMPRESCINDÍVEIS

Este capítulo também poderia se chamar "Enquanto o universo do trabalho é desconstruído, quais habilidades nossos filhos podem (e devem) desenvolver". É que a inteligência artificial e as novas relações profissionais sinalizam fortemente que haverá uma extinção de empregos com impacto bem superior ao da Primeira Revolução Industrial (1820- 1870).

O lado bom da história é que essa passagem da roça para a produção industrial foi uma inovação. A sociedade da época, em decorrência da mecanização, também perdeu muitos postos de trabalho. Mas foram criados outros, que exigiram diferentes habilidades e competências.

A Segunda Revolução Industrial (1870-1980) foi ainda mais inovadora, por usar energia elétrica para gerar produção em massa e desenvolver a sociedade. De novo, mexeu com os empregos, quebrou paradigmas, trouxe alterações econômicas e sociais enormes. Assim como a terceira (1980-2010), marcada pelos computadores e internet.

Na chamada Quarta Revolução Industrial, há a convergência de tecnologias digitais, físicas e biológicas. Temos os robôs chegando muito perto, o que está deixando muitos de nós desesperados achando que os empregos vão acabar. De fato, a revolução atual está tirando postos de trabalho. Entretanto, há novos movimentos que a sociedade pode fazer para se adaptar a essa nova concepção.

Este livro não tem o propósito de alarmar, de passar uma visão catastrófica do amanhã, mas, sim, alertar outros pais, para que não fiquem querendo que os filhos trabalhem somente em carreiras tradicionais. Muitas vezes, eles desejam investir numa área inovadora, mas temem decepcionar a família. Isso é um equívoco.

Contratações por projetos ou temporárias serão mais frequentes. E as longas relações trabalhistas com a mesma companhia, exceção. Caberá a cada profissional compreender como seus conhecimentos, assim como suas habilidades e competências, poderão agregar valor de acordo com as estratégias daquele momento das organizações. Assim, pais deverão ajudar seus filhos a desenvolver a sua marca pessoal.

Por exemplo, medicina. O que estamos vendo são diagnósticos em tempo real feitos por computador, e não mais por humanos. O cara que estudou para fazer diagnósticos terá de aprender outra coisa dentro da área da saúde.

E como bem disse o fundador do Fórum Econômico Mundial, o economista e engenheiro alemão Klaus Schwab, "É importante termos em mente que podemos moldar o futuro e torná-lo melhor"[3]. Meu convite, aqui, é fazer isso junto com seus filhos.

O avanço da economia "gig", também conhecida como "sob demanda" ou "de gratificação instantânea" e impulsionada por empresas como Airbnb e Amazon, evidencia que o modelo da sociedade assalariada, herdado do capitalismo no fim do século XX, deixará de ser dominante. E essa atual tem sua ênfase na flexibilidade e na autonomia dos profissionais envolvidos.

Poucos setores passarão pelos próximos anos a salvo de transformações causadas por mudanças no comportamento dos consumidores (por exemplo, menos jovens desejam dirigir) e disrupções tecnológicas. E cerca de 65% das crianças de hoje vão seguir carreiras que ainda não

---

[3] SCHWAB, Klaus. **A quarta revolução industrial**. São Paulo: EdiPro, 2018. 160 p.

existem, de acordo com um estudo de 2016 da Organização para a Cooperação e Desenvolvimento Econômico.[4]

Essa revolução está em curso. Temos bancos totalmente digitais e *call centers* atendidos por robôs. A consultoria McKinsey estima que pelo menos 15,7 milhões de trabalhadores serão afetados pela automação até 2030 só no Brasil.[5] Vale a pena, então, você se familiarizar com a expressão "cobot": colega de trabalho robô com quem seu filho poderá dividir funções.

Diante de tantas novas realidades (que não chamo mais de tendências), a capacidade de adaptação e de geração de renda para si será cada vez mais a partir das habilidades, competências e bagagem de conhecimentos. Muito melhor do que procurar "as melhores empresas para trabalhar" é identificar o que sabem fazer melhor do que a maioria, gostam realmente de fazer e poderão vender.

Vão se destacar os profissionais que entreguem o que as máquinas não dão conta. **Alguns especialistas resumem em duas palavras: análise e questionamento.** Para Tim Cook, CEO da Apple, em 2018, aprender a programar tornou-se prioritário.

## E agora, João?

Nada mais natural, portanto, que a grande maioria dos pais fique "perdida" quando o assunto são as mudanças e transformações que estão ocorrendo no mundo. Tudo tem evoluído com uma velocidade incrível, graças à expansão tecnológica, que derrubou barreiras geográficas, culturais e, claro, educacionais.

---

[4] RANGEL, Anna. **Mais da metade das crianças vão seguir carreiras ainda não existentes, diz estudo.** Folha de S.Paulo, São Paulo, 18 jun. 2017. Disponível em: https://www1.folha.uol.com.br/sobretudo/carreiras/2017/06/1893480-mais-da-metade-das-criancas-vao-seguir-carreiras-ainda-inexistentes-diz-estudo.shtml . Acesso em: 05 mai. 2020.

[5] PERRIN, Fernanda. **Automação vai mudar a carreira de 16 milhões de brasileiros até 2030.** Folha de S.Paulo, São Paulo, 21 jan. 2018. Disponível em: https://www1.folha.uol.com.br/mercado/2018/01/1951904-16-milhoes-de-brasileiros-sofrerao-com-automacao-na-proxima-decada.shtml. Acesso em: 05 mai. 2020.

Para aqueles que se preocupam com a formação dos filhos, nada mais coerente do que tentar entender essa revolução para melhor orientá-los. A globalização, a crise econômica mundial, a diminuição do poder de ganho financeiro, a tecnologia de alta velocidade e seus inúmeros impactos, especialmente nos empregos e nas profissões, são alguns marcadores do mundo de hoje.

Obter um diploma universitário, depois um emprego estável e daí garantir uma progressão constante na carreira: esse modelo tradicional tornou-se desatualizado. E o que há pela frente? Para a geração que está chegando ao mercado de trabalho, o futuro parece realmente assustador se eles dependerem apenas de serem contratados com carteira assinada e salários compensadores.

Estudantes que se formam nas melhores universidades, muitas vezes, lutam durante meses para encontrar um emprego decente. Os estágios não pagos abundam e muitas vezes não passam de nada, mesmo após o sacrifício de seis meses. **Como podemos ensinar nossos filhos a criar as próprias oportunidades?**

O universo do trabalho, como nós pais conhecemos quando éramos jovens, está sendo desconstruído. Porém, a visão do amanhã é positiva, na medida que libera as pessoas de tarefas monótonas, repetitivas, programáveis, automatizadas. As fronteiras estão se abrindo para a valorização das qualidades menos técnicas e mais humanas, também chamadas de *soft skills*.

Foi pensando nisso que elenquei estas seis dicas iniciais para que você, pai ou mãe, conheça as principais competências e habilidades que seus filhos precisam desenvolver para enfrentar e vencer os desafios que a vida apresentará para eles cedo ou tarde. Segue um "aperitivo" sobre elas, pois vamos detalhar mais nos próximos capítulos.

**1** **CONHECIMENTO BÁSICO DE NEGÓCIOS.** Isso pode parecer óbvio, mas muitas vezes é negligenciado. Nem todos que se formaram em escolas e universidades aprendem como transformar ideias em negócios sustentáveis. E por que é importante aprender esse fundamento? Para que os alunos saibam no mínimo gerenciar orçamentos ou criar estudos de viabilidade para quando precisarem tomar decisões para empreendimentos próprios ou de seu empregador.

**2** **CRIATIVIDADE AFIADA PARA INOVAR.** Uma característica dos vencedores é a habilidade de criar novas soluções para problemas antigos. Qualquer um pode desenvolver pensamento crítico, enxergar o que a maioria não está vendo e aprender os fundamentos da inovação. Curiosidade também é um traço valioso. Sem ela, falta aquele impulso para experimentar e inventar coisas novas. Esses aspectos precisam ser desenvolvidos em uma idade precoce e serem continuamente nutridos, para que seu filho consiga, no futuro, causar um impacto significativo na sua vida.

**3** **EMOCIONAL FORTALECIDO.** Se as coisas não saem como planejado, seu filho está pronto para lidar com os efeitos psicológicos? Ele (e você) estão prontos para lidar com o fracasso? A resiliência precisa ser trabalhada enquanto se desenvolve, em paralelo, um senso de otimismo. Esse fortalecimento emocional ajudará os futuros adultos a lidar com as adversidades. E se eles forem derrubados por algum problema, terão forças para voltar e tentar novamente. Adaptam-se melhor às mudanças, demonstram flexibilidade, pois se conhecem e se sentem mais autoconfiantes.

**4** **EDUCAÇÃO COMO PRIORIDADE.** Desenvolver nos alunos pensamento crítico e linkar conhecimento com aplicações práticas precisam ser critérios importantes na hora de escolher uma escola. Há a necessidade de mais treinamento e informação em torno das novas formas de trabalho – como o empreendedorismo. Assim, não só cria currículos mais ricos, como fornece aplicações reais e práticas que tornarão os alunos mais competitivos quando se formarem. Uma reforma educacional, a fim de atualizá-la para o mundo atual, deve encabeçar a agenda dos países em desenvolvimento, como forma de abordar a raiz de seus desafios sociais, econômicos e políticos. Que não são poucos!

**5** **ENVOLVIMENTO COM A COMUNIDADE.** Estar envolvido com a comunidade, apoiar os que estão à sua volta e desenvolver um senso mais profundo de responsabilidade são exemplos de como nossos filhos podem criar um impacto verdadeiro e significativo. É preciso enfatizar a importância da cidadania. A vida não é apenas conseguir um emprego ou montar um negócio e ser bem-sucedido. Pelo contrário, ela só tem sentido quando compartilhamos momentos, conquistas e aprendizados. Concordo com o neurocientista António Damásio, quando adverte que "se não houver educação maciça, os seres humanos vão matar-se uns aos outros"[6]. Quando lançou, em 2018, o livro *A estranha ordem das coisas*, ele defendeu que nós, seres humanos, nos distinguimos do restante dos animais pela cultura e que devemos ter mais emoções positivas, para elevar a aceitação social e a cooperação, em vez dos conflitos.

**6** **TALENTO, TALENTO, TALENTO.** Colaborar para que seus filhos descubram e aflorem seus talentos é um trunfo. Como o futuro do trabalho vai precisar muito de pessoas com habilidades matemáticas, analíticas e digitais, se perceber que tem dentro de casa pequenos talentos com esse foco, estimule. Em contrapartida, robôs são mais precisos e mais rápidos que humanos com

---

[6] LUSA. **Sem educação, os homens "vão matar-se uns aos outros", diz António Damásio**, 31 out. 2017. Disponível em: https://www.publico.pt/2017/10/31/ciencia/noticia/sem-educacao-os-homens-vao-matarse-uns-aos-outros-diz-antonio-damasio-1791034. Acesso em: 16 jun. 2020.

dados, não emoções. Se tem filhos que demonstram alta empatia... Ou seja, esse treino vocacional é um dos papéis dos pais. Uma dica valiosa: invista no inglês do seu filho. Não apenas para aprender a falar e escrever, mas além da sobrevivência. Aprender a se comunicar e pensar em inglês (e, se possível, mandarim também) porque o mundo está caminhando para o domínio asiático, e esse sem dúvida será um importante diferencial.

**Se eu pudesse voltar atrás e fazer tudo de novo, desde o meu primeiro filho, eu os orientaria ainda mais cedo a investir na própria formação/aprimoramento em relação à comunicação. Aprender a falar em público e desenvolver uma oratória sólida são características fundamentais no dia de hoje.**

# CAPÍTULO 3
## MENTALIDADE ORIENTADA PARA OS NEGÓCIOS

Se a automação, os *softwares* e os robôs ocuparão várias funções do ser humano hoje, é vital agir imediatamente. Precisamos, pais, educadores e governo, fazer esforços para ajudar os adultos do futuro a estarem aptos a trabalhar de maneira autônoma ou para que criem novos negócios.

São esses negócios que absorverão quem será cortado das grandes companhias, conforme já alertou publicamente o inglês Rohit Talwar, mestre em administração e presidente da organização britânica de pesquisa Fast Future. Diante desse cenário, fica quase óbvio responder a uma pergunta que escuto sempre: Como o empreendedorismo se encaixa em tudo isso?

Tem a ver com um sentimento que desperta dentro do seu filho e se transforma em estilo de vida. Ele contribui efetivamente para modelar a mente para agir em vez de esperar que algo aconteça. E ter essa avalanche interna é extremamente útil, sobretudo para enfrentar os vários desafios desse mundo presente e futuro. Em vez de se apavorar e achar que tudo acabou, o empreendedor já pensa: como posso resolver esse problema? É como eu sempre digo, empreender é muito mais do que ter negócios. É um comportamento.

Seu filho poderá ser um funcionário público no futuro, mas não trabalhará de maneira burocrática. A atividade que ele desempenhará não sai de dentro dele porque o relógio marca seis da tarde. Ele vibrará com o seu trabalho e a sua contribuição para o resultado, passando a ser melhor remunerado também.

Ele quer fazer a diferença, não se contenta com a mesmice. Sente como se fosse parte do sucesso que a sua equipe alcança. Pais que sabem dessa vantagem competitiva no mercado de trabalho me perguntam: todos podem ter esse espírito empreendedor?

Minha resposta é um categórico SIM! É preciso criar um ambiente propício e mudar o mapa mental da casa, ou seja, começar a "trabalhar" os problemas em conjunto, abordar temas pouco convencionais, estimular a criatividade na busca de soluções para situações que vão desde conflitos simples, da rotina familiar, até os mais complexos possíveis que surgem em um negócio.

## Para a inovação não atropelar o jovem

Você já se perguntou qual é o seu conceito de sucesso? A resposta vai influenciar diretamente a educação que der aos seus filhos. Eu digo aos meus que **sucesso é você fazer o que gosta e conseguir se manter. É poder abrir os olhos de manhã e se sentir bem com as suas escolhas e com o rumo que está dando à própria vida.** Eu acredito que é isso que vai atrair satisfação profissional.

Sendo assim, você pode imaginar como fiquei chocado com o resultado de uma pesquisa mostrando que os jovens de 18 a 34 anos, de tão preocupados com a crise econômica dos últimos anos, estão deixando de lado ter felicidade no trabalho para buscar empregos com estabilidade financeira. Preocupante!

Desenvolvida em 2017 pela Pontifícia Universidade Católica do Rio Grande do Sul (PUCRS), sob o nome *Projeto 18/34: Modelo de País*,[7] essa pesquisa apontou que aquele comportamento da juventude de valorizar

---

[7] REVISTA PUCRS. **Choque de realidade**. Disponível em: http://www.pucrs.br/revista/choque-de-realidade/. Acesso em: 16 jun. 2020.

a autonomia e a liberdade vem sendo abafado pelas turbulências na política e na economia, que os estão deixando ansiosos e deprimidos.

Eu avalio ser um perigo investir em algo que ele não goste de fazer pensando que vai ganhar dinheiro e se aposentar tranquilo. O pai que deixa o filho fazer isso está fazendo uma loucura. "Ah, mas como é que o moleque vai se sustentar?" Se ele precisar topar qualquer trabalho para se alimentar, sobreviver, que seja apenas durante um período de sufoco. É diferente do caminho que ele escolherá a **longo prazo**.

Além disso, se esses jovens querem ganhar dinheiro, o melhor caminho é ter "trabalhabilidade" – ser empreendedor de si mesmo, identificando o que faz bem e buscando negócios dentro e fora das empresas existentes –, e não mais "empregabilidade" – enriquecer currículo para ser mais atraente como funcionário nas decrescentes vagas de grandes empresas.

Reconheço que existem empregos maravilhosos, nos quais você se sente parte do todo, a inovação está presente e a criatividade é incentivada. Ambientes cujo patrão é participativo e humano; e os funcionários têm prazer e orgulho de trabalhar ali.

Se seu filho conseguir atuar numa companhia assim, conseguir ser empreendedor funcional ou intraempreendedor, parabéns! Que ele preserve sua "trabalhabilidade", mudando sempre para postos melhores ainda! No entanto, acredite, na maioria dos casos não é fácil encontrar esse emprego dos sonhos.

Os jovens estão confundindo as coisas, o que cria um fator limitante para propósitos como criatividade, felicidade e sucesso. Se dinheiro e estabilidade forem as prioridades, esse moleque poderá ser infeliz e se frustrar por não se realizar tanto quanto poderia, por trabalhar desmotivado querendo que chegue logo a sexta-feira.

Há ainda um problema aí. A inovação vai atropelar esse jovem. Porque a estabilidade perderá força. Porque as atividades repetitivas estão sendo automatizadas. Quem ganhou dinheiro até hoje com burocracias, por exemplo, precisa pensar em fazer outra coisa. É um momento de virada, de *turn point*. **Simplesmente não dá para pais e filhos olharem para estabilidade.**

Se for para sobrevivência, de novo, retiro o que eu disse. Digamos que o pai não possa sustentar a família e o filho precise comer. Ele vai jardinar, preparar sanduíches... desde que seja provisoriamente e que não perca os sonhos dele.

Precisa ter um plano – isso é superimportante em qualquer idade, ainda mais na juventude. E não estou falando de um planejamento estratégico de cinco anos, mas de se perguntar "o que eu quero?" e "para onde eu vou?". O pai precisa saber desenhar isso com o filho. Não é dizer "vá por aqui". Mentor faz perguntas com o objetivo de despertar no jovem o potencial dele.

Fico impressionado com pais que não sabem qual é o sonho dos filhos simplesmente por não conversarem. Daí, influenciam seus garotos e suas garotas a ingressarem num curso ou emprego que eles provavelmente vão largar mais na frente. Ou continuarão e se tornarão profissionais medíocres.

Quantos de nós não conhecemos histórias como essa? O filho começa a estudar Direito por ter muitos advogados e juízes na família, mas seria um excelente designer gráfico. Ou recebeu, durante a adolescência, tudo de mão beijada, mastigado, e agora não enxerga um caminho próprio.

Meu filho Theo optou por se mudar para fazer a graduação em São Paulo. Passou no vestibular de Administração de Empresas na Fundação Armando Alvares Penteado (FAAP). Fez a matrícula, alugou apartamento e tudo mais *sozinho*. Minha esposa e eu só acompanhamos, contentes, por saber que ele estava correndo atrás do que queria. Enquanto o melhor amigo namorava havia três anos, meu filho não quer namorar. Até isso eu estou pesquisando, para poder orientá-lo e, principalmente, para entender os motivos dele, a fim de dialogarmos.

## O importante equilíbrio sucesso-fracasso

Grande parte da preocupação daqueles jovens que participaram da pesquisa do Rio Grande do Sul tem a ver com o medo de fracassar na escolha da faculdade, do estágio, do trabalho e do que vai fazer com sua primeira grana razoável. Para quem está iniciando a vida adulta, tudo isso tem um peso enorme, colocado no colo pela família, pela sociedade e também pelo próprio indivíduo, dependendo da sua personalidade.

> **O MELHOR QUE VOCÊ PODE DIZER AO SEU FILHO**
>
> **Não se assuste se eu garantir que um fracasso pode, sim, ser parte essencial de seu aprendizado e sucesso. Na verdade, pode ser um passo, mesmo que doloroso, em direção a uma mudança na sua vida, uma solução revolucionária ou verdadeiramente inovadora e definitiva. O sucesso pode embriagar, glamourizar, encher de amigos, trazer felicidade e dinheiro ou fazer de você uma celebridade instantânea, mas, da mesma maneira, pode não ensinar nada a você. Com o fracasso, muitas vezes o sentimento é outro. Pode haver afastamento de todos, humilhação, tristeza, ridicularização, falta de dinheiro. Em contrapartida, você vai aprender – muito – tudo o que precisa realmente saber para vencer.**

Basta encarar a realidade e os fatos! É essa a grande diferença entre sucesso e fracasso. Se perguntar a qualquer pessoa o que ela prefere – ter sucesso ou ter fracasso – a resposta já é conhecida! Mas qual a resposta correta? Eu acredito que seja: saber equilibrar as coisas, aproveitar o máximo, ser feliz lembrando de que nada é para sempre, tendo noção exata do seu momento (bom ou ruim), mantendo as conquistas boas e seguindo em frente para ter novas.

Hoje em dia, ainda mais nas redes sociais, todo mundo se mostra super-herói. Não quer mostrar fraqueza ou humildade, para não ser engolido ou menosprezado. Isso é o que eu chamo de *bullshit* (grande bobagem!) e é um grande equívoco.

Saber equilibrar a vida, ser honesto, ter emoção, compartilhar vitórias, apreender com as derrotas, receber opiniões e críticas, ser resiliente, aceitar ajuda e estar aberto a parcerias, são características fundamentais para conquistar ou reconquistar espaço no mercado.

Você deve estar perguntando: "João, devemos fracassar para ter sucesso?". Não necessariamente, mas o fracasso, em muitos casos, não é tão ruim quanto parece! Nas histórias dos empreendedores feras, geralmente há "tombaços" no caminho.

Claro, ninguém gosta de perder, de ser derrotado ou fazer algo errado. Se tiver de acontecer com você, que sirva de aprendizado para os próximos negócios, para a sua história e, por que não, como exemplo para seus filhos e outros jovens. Não adianta culpar o mundo!

Não se trata também de uma inversão das coisas e valores, em que deveríamos celebrar nossas vitórias e conquistas em vez de enaltecer derrotas e fracassos. O importante é tirar proveito, de alguma maneira, do insucesso, mesmo que seja apenas para entender o que funcionou e o que não funcionou.

A verdade é que, gostando ou não, todos devemos compreender o erro, abraçar a falha e encarar a derrota. Não de maneira revoltada ou perversa, mas com entusiasmo, olhando para "fora da caixa" com uma postura proativa e vibrante para resolução de problemas. Até porque a vida sempre colocará barreiras que podem ser puladas, basta ter essa consciência e se preparar para isso!

Alguns pais acham que perdem a admiração do filho se revelarem seus fracassos. Estão perdendo uma excelente oportunidade de prepará-lo para a vida, que é de altos e baixos. Não existe absolutamente nada de errado em fracassar. É parte natural da vida. Nós sempre enfrentaremos obstáculos no caminho do sucesso.

Outro ponto a considerar é que gente de todas as idades fracassa. Sem a orientação dos pais, qualquer desapontamento, perda ou falha pode ser devastador para as crianças, pela falta de maturidade. Isso tende a ser particularmente verdadeiro para as meninas, já que elas são ainda mais cobradas socialmente a serem "princesas perfeitas".

Aos pais, cabe ajudar os filhos a entenderem que o fracasso não é tão ruim assim, que não mata ninguém. E que **cada tentativa de recomeço fornece valiosas experiências e visão**. Como? Compartilhe um exemplo de uma das suas falhas brilhantes. Explique que toda pessoa bem-sucedida na vida provavelmente teve uma série de falhas miseráveis que a levaram ao seu enorme sucesso.

Quando seu filho falhar, em vez de puni-lo, tente discutir quais foram os fatores que o levaram ao fracasso e fazer um *brainstorming* para evitar que ocorram novamente no futuro. Sempre tente encontrar a "lição de aprendizagem" em todas as situações adversas e incentive seu filho a nunca desistir.

Muitos pais estimulam os filhos a serem grandes no futuro citando empresários que consideram referência, como Steve Jobs. No entanto, eles se esquecem de dizer quantas vezes alguns fracassaram até chegar aonde estão. Ter medo de errar e de falhar e transmitir isso dentro de casa é um equívoco. Todos precisam saber que durante a sua jornada cometerão erros e farão sacrifícios até atingir suas metas.

Veja a seguir algumas dicas para você aplicar na formação dos seus filhos, mesmo que eles não pensem em ter negócios próprios. Como disse, ter uma mente orientada para os negócios é fundamental para lidar com as mais diferentes situações do dia a dia, e as chances de fracassar e de ter sucesso caminharão com eles.

- **É SOBRE A PAIXÃO, NÃO SOBRE O DINHEIRO:** Iniciar e gerir um negócio pode ser um processo solitário, ingrato e exaustivo. Se você começar um negócio sem estar apaixonado pelo que está criando, as chances de dar errado são enormes.
- **COMO?** Minha esposa e eu tentamos incutir em nossos filhos que eles precisam se apaixonar pelo que fazem, seja lá o que for. Ao pensar em

negócios, discutimos as coisas de que eles gostam ou as causas que lhes interessam. Em seguida, fazemos um *brainstorming* sobre como transformar essa paixão em um conceito de negócios.

O investidor Josh Linkner disse certa vez:

> **As pessoas que perseguem apenas dinheiro raramente acham isso. Uma abordagem muito mais produtiva – para não mencionar melhor e mais humana – é usar a paixão como sua Estrela do Norte e permitir que o ganho financeiro se torne o subproduto de fazer o que você ama.**

**FAZENDO COM QUE ELES COMECEM CEDO:** Eu não estou dizendo que alguém precisa ser um CEO aos 18 anos. Pode se tratar apenas de um carrinho de limonada simples ou de um negócio mais rentável. As primeiras empresas podem ensinar habilidades essenciais às crianças como autoconfiança, marketing e habilidades de comunicação. E essas lições serão transferidas para a idade adulta.

**COMO?** Em vez de olhar para os empecilhos, incentive a busca por soluções. Vou dar um exemplo: meu filho Davi percebeu que faltavam festas adequadas ao público muito jovem. Assim, ele montou a NEONPARTY, um evento para menores de 17 anos e, claro, sem bebida alcoólica. Ele conquistou cerca de quinhentos jovens pagantes, curtiu ótimos momentos e ainda ganhou um dinheirinho com isso. Ah, antes ele vendeu chicletes na escola.

**INCENTIVO AO PENSAMENTO LIVRE:** As crianças são criaturas incríveis, criativas e apaixonadas por novidades. Incentive-as a compartilhar suas ideias mais loucas com você. Importante: é preciso levar a sério o que ouvir.

**COMO?** Desenvolva cada ideia com seu filho: o que ele venderia, quem seriam seus clientes e do que esse público-alvo precisa. Sua atitude será valiosa para fortalecer a confiança nele próprio de que é capaz de ter ideias – por mais loucas que possam parecer. Se vai virar um negócio pra valer ou não é o que menos importa.

**DEFINIR E CUMPRIR METAS:** Ensinar aos seus filhos como estabelecer e atingir seus objetivos pode ser uma atividade divertida e altamente efetiva. Estudos[8] mostram que os objetivos escritos têm mais de 80% de chances de serem alcançados.

**COMO?** Peça a seus filhos que definam e anotem seus cinco melhores objetivos. A fim de aumentar a eficácia e o sentimento de realização, certifique-se de que cada objetivo seja inteligente, ou seja, específico, mensurável, alcançável e oportuno. Em seguida, peça que ele escreva cinco ações necessárias para atingir esses objetivos. Não esqueça de colocá-los em algum lugar onde você e seus filhos possam facilmente vê-los. Daí, incentive-os e ajude-os a atingir os objetivos definidos.

**RECONHECENDO AS OPORTUNIDADES:** Muitas pessoas não alcançam todo o seu potencial por não conseguirem identificar uma boa oportunidade. Ensine seus filhos a procurá-la e abraçá-la contribuirá diretamente para elevar o nível de sucesso futuro deles.

**COMO?** Elogie seus filhos quando apontarem pequenos problemas ou contratempos que causam angústia a eles, como não alcançar itens em uma prateleira alta. Daí, incentive-os a propor maneiras de resolver o que os perturba. Significa transformar crise em oportunidade, ensinando às crianças a se concentrarem na criação de soluções, e não no problema em si, e fazendo-as perceber que sempre podem gerar um impacto positivo na sua vida e/ou na de outras pessoas.

---

[8] EL HOMBRE. **Escrever seus objetivos aumenta em 42% a chance de sucesso, diz estudo.** Disponível em: https://www.elhombre.com.br/escrever-seus-objetivos-aumenta-em-42-chance-de-sucesso-diz-estudo/. Acesso em: 11 jun. 2020.

Esse hábito permitirá que eles desenvolvam ideias rentáveis em seus negócios futuros.

**CAPACIDADE DE VENDER:** É uma habilidade inestimável a qualquer pessoa que almeje ter sucesso em sua vida. Aplica-se a toda interação humana, seja em uma esfera de negócios, seja ao longo de uma carreira em renomadas organizações. Abrange desde a venda de produtos e serviços até o levantamento de capital com investidores.

**COMO?** Incentive seus filhos a negociar pequenos projetos, como vender seus brinquedos, videogames, celulares antigos ou roupas bacanas que não lhe cabem mais. Vale começar ofertando geladinhos aos primos e amiguinhos da rua ou ainda oferecer algum serviço. Por exemplo, levar os cachorrinhos dos vizinhos para passear na área comum do prédio. Importante: deixe-os fazer a venda, apenas apoiando-os e facilitando as transações.

**ALFABETIZAÇÃO FINANCEIRA:** Ensinar sobre o papel do dinheiro desde cedo dará às crianças uma base inicial sobre o valor de cuidarem bem das finanças, algo a que muitas escolas não dedicam atenção suficiente.

**COMO?** Dê a seus filhos a oportunidade de ganhar o próprio dinheiro por meio de tarefas domésticas remuneradas, de suas próprias (pequenas) empresas ou de algum tipo de colaboração no seu trabalho. Eduque-os sobre investir, mostrando como seu dinheiro poderia ser usado para criar mais dinheiro no futuro. Ajude-os a configurar uma conta bancária e permita que eles aprendam como administrar os próprios rendimentos.

**A IMPORTÂNCIA DO MARKETING:** Ensinar as crianças sobre como atrair clientes é uma ótima maneira de ajudá-los em sua carreira futura. Como todos sabemos, sem compradores do seu produto ou serviço, mesmo o maior negócio falhará. Portanto, essa é uma habilidade muito benéfica para se aprender enquanto jovem.

**COMO?** Motive seu filho a analisar as mensagens por trás de materiais de marketing como *outdoors*, *banners* promocionais na frente de negócios, propagandas em revistas e comerciais de televisão e rádio. Pergunte o que lhe chama mais a atenção na mensagem e veja se ele pode identificar o significado por trás do logotipo, da *tagline* – geralmente aquela frase curta que fica pertinho do logo da marca – e do *call to action* – links de uma página que levam os usuários a realizar ações, como "baixe agora" e "teste gratuito". Melhor ainda é incentivá-los a criar os próprios materiais de marketing para as ideias de negócios que eles tiverem.

**COMUNICAÇÃO EFICAZ:** Por causa da popularidade das mídias sociais e mensagens de texto, a maioria das crianças hoje comunica-se mais frequentemente digitando do que falando. Às vezes, está a um passo do coleguinha, mas prefere conversar pelo aplicativo a se aproximar e puxar papo. Excelente motivo para pais treinarem a comunicação oral, o que lhes dará destaque na carreira escolhida, nos negócios e nas relações pessoais. Empresas bem-sucedidas exigem que os profissionais realmente falem uns com os outros.

**COMO?** Primeiro de tudo, ensine seus filhos a serem educados e respeitosos a partir do seu exemplo. Também procure manter contato visual quando conversarem pessoalmente. Ao telefone, treine-os a falarem de maneira clara, não atropelada ou monossilábica. A mesma clareza deve ocorrer na comunicação escrita. Nesse sentido, uma atividade útil é aproveitar a troca de e-mails com seus filhos para encorajá-los a escrever frases gramaticalmente corretas, que fluam juntas de maneira lógica e compreensível. Fazê-los não abreviar palavras é um bom desafio.

**A ARTE DE DEVOLVER:** Por que começar um negócio se ele não apoiar uma causa maior do que a satisfação individual? É importante que as crianças compreendam a importância de fazerem o melhor para si mesmas sem deixar de colaborar com as outras. É um atributo que lhes permitirá ser humilde durante períodos de grande sucesso e perseverante nos momentos turbulentos, por terem certeza de que um negócio bem-sucedido oferece benefícios a mais pessoas que não só os donos.

**COMO?** Ao trocar ideias de negócios com seus filhos, peça-lhes que escolham uma instituição de caridade ou uma causa especial para destinar uma parcela da renda que elas gerarem. Explique o conceito de que contribuir para melhorar a vida dos outros beneficia a sociedade como um todo. Convença-os de que as pessoas que contribuem para o sucesso dos outros vivem felizes.

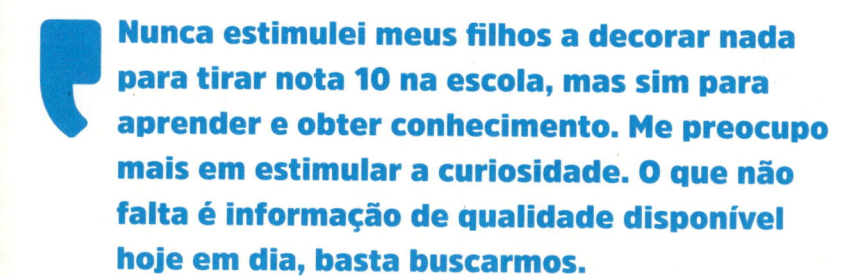

> **Nunca estimulei meus filhos a decorar nada para tirar nota 10 na escola, mas sim para aprender e obter conhecimento. Me preocupo mais em estimular a curiosidade. O que não falta é informação de qualidade disponível hoje em dia, basta buscarmos.**

# PARTE 2
# AMAR E ENSINAR COMO SE VIRAR

Está na hora de botarmos a cabeça para funcionar se quisermos que as máquinas não saibam mais do que nós nas próximas décadas – recado importante para a família inteira. É somente atualizando a educação que damos às nossas crianças que as prepararemos a competir com máquinas. Ou então os robôs substituirão 800 milhões de empregos até 2030, segundo projeções da McKinsey Global Institute.[9]

Concordo com o bilionário Jack Ma, dono de um império construído em cima da tecnologia e da automação, quando alerta que a inteligência artificial não passa apenas pelo controle e regulação das áreas de atuação dessa tecnologia, mas também pela mudança da educação que damos às nossas crianças.

Durante um painel no Fórum Econômico Mundial de 2020, em Davos, na Suíça, esse empresário, que levantou sua fortuna a partir do modelo de comércio eletrônico Alibaba, aproveitou a sua fala para defender a educação ao declarar:[10]

---
[9] MCKINSEY. **O futuro do mercado de trabalho: impacto em empregos, habilidades e salários.** Nov. 2017. Disponível em: https://www.mckinsey.com/featured-insights/future-of-work/jobs-lost-jobs-gained-what-the-future-of-work-will-mean-for-jobs-skills-and-wages/pt-br. Acesso em: 05 mai. 2020.

[10] LINK TO LEADERS. **"Não podemos ensinar as crianças a competir com máquinas".** Disponível em: https://linktoleaders.com/nao-podemos-ensinar-as-criancas-competir-maquinas/. Acesso em: 11 jun. 2020.

> **Educar é um enorme desafio atualmente. Se não mudarmos a maneira como ensinamos, daqui a trinta anos teremos problemas, porque a maneira como ensinamos baseia-se apenas no conhecimento.**

O bilionário lembrou que o jeito como nossas crianças são ensinadas e o conteúdo são praticamente os mesmos nos últimos duzentos anos. É preciso parar de despejar conteúdos para ensinar algo único, que nenhuma máquina poderá alcançar: as *soft skills*, habilidades que o conhecimento não consegue transmitir, como valores, crenças, pensamento independente, trabalho em time, empatia e respeito pelos outros.

Devemos incentivar mais os esportes, música, pintura, arte – que é o que torna os humanos distintos dos robôs. Aquilo que a máquina puder fazer melhor, você tem de desapegar na hora de preparar seu filho para o futuro. E Jack Ma sabe bem do que fala, pois tem em seus armazéns de distribuição máquinas garantindo 70% do trabalho da Alibaba.

Fico feliz em compartilhar a história de um educador brasileiro, que teve essa visão e mudou a maneira de educar de uma porção de "filhos", ou seja, seus alunos. Diego Lima é diretor de uma escola pública em São José do Rio Preto, considerada antes como uma das mais problemáticas do estado de São Paulo.

Ele foi anunciado no início de 2018 pelo empresário e filantropo Bill Gates, fundador da Microsoft, como um dos dez melhores professores do mundo. Antes disso, em 2015, havia sido escolhido como Educador do Ano pelo Prêmio Educador Nota 10, organizado pela Fundação Victor Civita e pela Fundação Roberto Marinho.

Seu mérito: conseguiu reverter um quadro de evasão escolar e de violência e drogas com o projeto *Minha Escola – Reconstrução Coletiva*, que iniciou ao se tornar diretor, em 2014. E sabe qual foi sua principal ação? Instituir o diálogo para mediar conflitos e desenvolver as *soft skills*.

Ele também transformou um espaço marcado pelo comércio de drogas em espaço de leitura, levou as famílias para participar e manter o espaço coletivo, deu protagonismo aos alunos mantendo sua autoridade sem autoritarismo. Os resultados vieram como consequência.

Quem acompanha meu trabalho, principalmente nos últimos dez anos, sabe que sou adepto da prática. Sempre digo e oriento as pessoas para que elas deem o importante passo no sentido de colocar em prática o que sabem ou aprenderam. Pode parecer redundante, mas a maioria esmagadora permanece apenas no conhecimento teórico, porque, por um motivo ou outro, não dá o segundo passo e não pratica aquilo que se dispôs a aprender.

Para mim, em particular, isso é um erro tremendo. O ideal é seu filho colocar em prática o que aprendeu, de preferência ainda enquanto aprende, ou seja, durante o período de aprendizado, é importante seu filho testar como tudo funciona e ter liberdade enquanto pode experimentar, errar, refazer e recomeçar. E não chegar lá na frente e pensar: "Nossa por que não fiz isso antes ou testei para saber como funcionaria?".

Não vou entrar no mérito e na polêmica acadêmica sobre teoria *versus* prática, simplesmente porque acredito que uma coisa não deve ser dissociada da outra, apesar de ser extremamente crítico com o "método decoreba", com foco apenas no papel diploma, que ainda temos hoje na educação brasileira. Mas os pais precisam ficar atentos e o grande desafio é: ensinem seus filhos a serem mais práticos e menos teóricos na vida!

Toda e qualquer teoria dá embasamento, conhecimento, e é necessária, sim. Contudo, quando você se limita a apenas aprender e absorver, sem efetivamente colocar o que aprendeu em prática, não passará de um sonhador sem experiência, essa é a verdade. Não fique imaginando como funciona, teste e comprove. Seu filho precisa ter total consciência de que o "achismo" não tem espaço no mercado nem na vida; quem acha demais é porque, de fato, não tem experiência comprovada e vive no mundo dos pensamentos. Se você "achar" que deve seguir por determinada estrada ou outra, estará com as possibilidades e dará sorte ao azar. Ter certeza de que deve ir por determinado caminho é saber reconhecer que é aquela estrada que o levará aonde deseja, a diferença é essa.

O fato é, se você orientar seu filho para que ele tenha uma postura prática para realizar determinada atividade, ele vai conseguir fazer, mas precisa saber por que está fazendo, qual é o conceito, qual é a base daquilo; se não souber isso, ele estará apenas no automático (ou sendo conduzido pelos pais), fazendo o que foi treinado para fazer. A verdadeira segurança em fazer bem feito e com qualidade vem com o profundo conhecimento agregado à prática.

Observe que o próprio mercado de trabalho não espera muito o modelo "aprender para depois fazer". Exatamente por isso, sou adepto do fazer enquanto aprende ou aprender enquanto faz. Isso, lógico, se a profissão/negócio do seu filho e a lei permitirem. Se quiser produzir, trabalhar ou empreender, oriente-o no sentido de pôr em prática o que está aprendendo na teoria e você verá que o seu diferencial competitivo estará ampliado no curto prazo, além de, é claro, adquirir vivência no ramo.

É importante frisar que, apesar de toda a minha experiência prática adquirida, de ter começado a trabalhar muito cedo, eu ainda me considero um eterno aprendiz. Sabe por quê? Porque tive de voltar a estudar e entender a base, a teoria e os conceitos de como se fazia cada coisa, entender os porquês. Durante muito tempo, negligenciei isso, achava que somente a prática e o treinamento eram suficientes para vencer na vida. Não são! Hoje, compreendo que as duas vezes em que me dei mal foi por causa dessa postura de deixar em segundo plano o aprendizado teórico e o planejamento. Achava que sabia de tudo e os resultados me ensinaram de maneira dolorosa que não. Foi aí que comecei a entender a célebre frase de Sócrates que diz: "Só sei que nada sei".

> **Aquele que pensa que sabe tudo, na verdade, não sabe é de nada, e provavelmente vai perceber isso da pior maneira possível, porque a vida não perdoa nem manda recados.**

Com certeza, em algum momento, você já ouviu o ditado popular que diz que "a teoria na prática é outra coisa". Se colocar esse ditado em prática, terá a oportunidade de convergir de maneira proporcional e inteligente esses dois pontos, e eu garanto que o resultado será surpreendente. A teoria dá base e ajuda a evitar o erro; a prática dá experiência e habilidade. Se seu filho assimilar isso, será um empreendedor mais eficaz, assertivo e preparado para os desafios da atualidade, atuando com menos custos e menor risco.

Por conta desse entendimento, hoje sou uma pessoa que ouve mais do que fala, lê muito mais do que escreve e aprende mais do que ensina. Esse é meu ponto de equilíbrio e os meus motivos para mostrar por que é importante pensar andando e praticar aprendendo.

# CAPÍTULO 4
## EDUCAÇÃO EMPREENDEDORA COMO FERRAMENTA DE TRANSFORMAÇÃO

Se por um lado ainda há quem insista na ideia errada e ultrapassada de que estimular uma postura empreendedora antecipa o fim da infância, é gratificante ver que os próprios jovens começam a quebrar esse mito, dividindo corretamente o tempo e trilhando um futuro promissor e feliz.

Empreender significa encontrar soluções para problemas reais, estejam eles onde for: na saúde, na educação, nos transportes, no meio ambiente, no bairro, na rua, dentro de casa. É isso que precisamos ensinar às crianças. Com um novo olhar sobre a juventude, podemos contribuir para a construção de um país mais forte cultural e economicamente.

É chegada a hora de levarmos este debate a sério, sob o risco de o Brasil ficar para trás, caso ignore essa tendência mundial. Os empregos formais, tanto no setor público como no privado, estão diminuindo. Em compensação, não faltam problemas precisando de mentes dispostas a criar soluções.

Nossos filhos precisam estar preparados para encontrar alternativas frente às adversidades que inevitavelmente encontrarão. Somente assim todos terão uma base sólida para transformar problemas em oportunidades de crescimento.

Felizmente, mais pais, mães e avós estão ficando atentos a isso. Muitos dos que assistem às minhas palestras ou leem os artigos que escrevo me perguntam, constantemente, como fazer com que seus filhos desenvolvam qualidades empreendedoras e, assim, tenham mais chances de sucesso na realidade atual.

Eu os tranquilizo de que sempre é possível provocar uma transformação no mapa mental de uma pessoa, a fim de que ela seja independente e protagonista do próprio destino. E acredito que isso é válido mesmo para aqueles que nasceram e cresceram em lares cujos adultos não optaram por empreender.

Certa vez, em uma dessas minhas viagens pelo interior do Brasil, conheci o dono do maior mercadinho da região. Curioso que sou, perguntei como conseguiu construir aquele pequeno império. Ele me contou:

> *Quando eu tinha 11 anos, pedi ao meu pai para comprar um carrinho, e ele respondeu: "Não vou dar, mas vou mostrar como conseguir comprá-lo com o seu dinheiro. Suba no coqueiro, pegue três cocos, limpe, bote pra gelar e leve até a praça para vender por R$ 1,00 cada um. Aí, com o lucro você compra esse bendito carrinho que tanto quer". Eu topei, fazendo exatamente como meu pai orientou, e voltei para casa saltitando de alegria com o dinheiro. Disse: "Consegui. Agora posso comprar o carrinho?". Meu pai retrucou: "Parabéns, meu filho, mas que tal investir esse dinheiro para continuar vendendo mais cocos e ganhar muito mais dinheiro? Depois você vai conseguir dinheiro para comprar quantos carrinhos quiser". Foi ali, João, que tudo começou. Aquelas palavras mudaram o meu destino.*

Esse sábio pai, à sua maneira, despertou naquele garoto características empreendedoras como a vontade, a meta, os caminhos, as possibilidades e as escolhas. Para quem também quer incentivar seus filhos a correrem atrás dos sonhos, mesmo que seja um carrinho, visando ajudá-los a construir um pequeno império lá na frente, organizei esta seleção de atitudes:

- **Faça-os pensar em soluções** para problemas na casa, na rua, na educação, no transporte, na cidade, na saúde etc.;
- **Discuta sobre problemas** e como enfrentá-los desde cedo. Faça perguntas sobre os assuntos que os incomodam. Chame atenção para que eles comecem a perceber oportunidades até nas dificuldades;
- **Descubra quais são os sonhos deles** e os estimule a transformar em realidade, ajudando-os a sintonizar o foco. Mas deixe-os estudar caminhos para chegar até lá;
- **Não dê dinheiro ou coisas materiais demais** para compensar nada. Eu, como já disse, não dou nem mesmo mesada, para não acostumá-los a ter sempre o "garantido". Entretanto, dê em abundância aquilo que o dinheiro não pode comprar, como atenção e escuta ativa;
- **Não os faça pensar** que a "herança" que pode deixar talvez seja suficiente para que eles fiquem totalmente tranquilos e acomodados;
- **Mostre o que é e como praticar a resiliência**, para que eles não tenham medo de arriscar e fracassar, para entender que a vida é mesmo uma roda gigante;
- **Empodere as virtudes e qualidades deles.** Ensine-os como se autoavaliar de tempos em tempos (conhecer-se é essencial para fazer melhores escolhas na vida) e ajude-os a gerenciar as próprias limitações;
- **Ensine-os a respeitar** opiniões contrárias às suas desde quando discutem algo em família. E incentive que liderem ações coletivas. Exemplo: quando a turma de amigos quiser programar um churrasco;
- **Ensine a importância de saber trabalhar em equipe**, escolhendo pessoas melhores do que eles para serem companhias na vida, no estudo, no trabalho. Nunca piores ou menos inteligentes;
- **Converse sobre negócios** e promova conhecimento complementar ao da escola. Além dos livros, há conteúdos ricos na internet

na forma de artigos, posts, vídeos mostrando casos de sucesso e de fracasso, além de curiosidades e histórias – como os dos eventos TED, meuSucesso.com e Day1. Para quê? Para que seus filhos acessem informações fora do padrão acadêmico e possam se inspirar em experiências reais;

- **Não tenha medo de mostrar que existem outros caminhos além do emprego formal**, ressaltando que estabilidade está deixando de existir;
- **Explique que é verdadeira a expressão "não existe almoço grátis"** (popularizada pelo prêmio Nobel de Economia Milton Friedman) e que a vida e o mercado podem ser cruéis com pessoas despreparadas. E que poderão receber vaias durante a jornada, não apenas aplausos;
- **Ajude-os a se preparar para competir**. Resista à tentação de querer encurtar o caminho deles com atalhos. Ao contrário, **estimule a conquista**, mas deixe-os conhecer tanto a tristeza da derrota quanto a glória da vitória. Nem o melhor jogador de futebol do mundo ganha todas as partidas;
- **Prefira fazer perguntas** a dar respostas. Assim, vai desafiá-los a achar soluções e conduzir a conversa de modo que seus filhos percebam que, se fizerem sempre as mesmas coisas, alcançarão resultados semelhantes, e não diferentes, como poderiam;
- **Faça com que eles se coloquem no lugar dos outros desenvolvendo uma ferramenta poderosa de sucesso: a empatia**. Como, por exemplo, conseguirão vender uma ideia no futuro sem entender a necessidade de quem vai comprar?;
- **Saia de cena** de vez em quando e dê espaço para que seus filhos sejam **proativos**. Não queira fazer tudo para – e por – eles.

Reforço que este modelo de criação pode ser adotado desde a primeira infância, pois o intuito é disseminar uma cultura diante da vida que valorize a criatividade, a organização e, principalmente, a coragem e a vontade de fazer a diferença no mundo. Ou seja, ferramentas capazes de transformar dificuldade em triunfo, problema em desafio, desânimo em motivação, acomodação em "incomodação" com o status quo.

Se futuramente as crianças se tornarão donas do próprio negócio ou vão preferir trabalhar no setor privado ou público como intraempreendedoras, é mera consequência de um projeto mais amplo, com foco na autonomia e realização.

## 10 ideias divertidas de negócio para crianças e adolescentes

Sejamos realistas, é claro que seu filho não precisa ser o próximo Warren Buffett, o megainvestidor e um dos homens mais ricos do mundo, para se beneficiar de um pequeno empreendimento ou dois.

Listo, a seguir, ideias de negócios para crianças desenvolverem que podem ser um excelente treino para voos maiores no futuro.

**1** **LEVAR PETS PARA PASSEAR.** As pessoas ocupadas precisam de ajuda para manter o bem-estar de seu animal de estimação, e esse é um trabalho que as crianças podem realizar com as raças mais dóceis. *Dog walkers* (passeadores de cães, em tradução direta) cobram uma taxa fixa ou por hora, e podem até expandir o negócio incluindo o banho e visita diária quando os donos viajarem. As crianças podem se aproximar dos vizinhos para oferecer seus serviços ou anunciar on-line.

**2** **GERENCIAR SITES.** Muitas crianças são mais experientes na internet do que seus pais. Então, faz sentido considerar ter empresas on-line, incluindo vários tipos de sites. Custa muito pouco registrar um nome de domínio e comprar hospedagem na web. E, ao confiar em receitas publicitárias fáceis (como o Google AdSense), as crianças nem precisam vender nada.

**3 AJUDAR OUTRAS EMPRESAS COM MARKETING DE REDES SOCIAIS.** Esse tem sido um dos segmentos que mais cresce no mundo inteiro. Para aquelas marcas que desejam ficar mais conhecidas entre os consumidores mirins, nada melhor que ter ajudantes igualmente mirins para interagir nas mídias sociais sob a orientação de um profissional adulto da empresa em questão.

**4 SER *BABYSITTER* POR CURTOS PERÍODOS.** Não uma babá, que trabalha diariamente na casa da família e tem funções mais amplas. A *babysitter* colabora de acordo com a demanda dos pais, podendo vir brincar por 1h apenas, enquanto eles preparam o almoço, por exemplo. O pagamento é feito por serviço, podendo ser realizado por uma adolescente paciente e que sinta prazer em entreter crianças menores.

**5 AJUDAR IDOSOS A CONFIGURAR E USAR COMPUTADORES.** Já pensou no bem que seu filho pode fazer ao pessoal da terceira idade e ainda ser remunerado? Idosos que topam ingressar no universo on-line tendem a preservar a memória e exercitar o raciocínio, entre outros benefícios. Vários já provaram as delícias da tecnologia e pesquisam sobre fatos históricos, matam a saudade de familiares, ouvem música... mas certamente contaram com os ensinamentos dos mais jovens para superar as dificuldades naturais de não terem nascido digitando.

**6 LAVAR CARROS SEM DESPERDIÇAR ÁGUA.** Todo mundo sabe a importância de cuidar bem do seu veículo. E o brasileiro também gosta que ele esteja bonito. Entretanto, a crise da água acabou com a alegria de quem adorava passar a manhã de sábado lavando seu carro na porta de casa com água tratada. Daí, um adolescente pode sair-se bem adquirindo pela internet ou em lojas especializadas kits de lavagem a seco e oferecendo um serviço que faz bem ao bolso dele e ao planeta. Facilmente encontrará clientes no condomínio ou rua em que mora.

**7** **PROMOVER VENDAS DE GARAGEM.** Comum nos Estados Unidos, promover periodicamente uma *garage sale* é boa pedida para irmãos e primos que possuem muitas coisas das quais podem se desfazer, sem intermediários. Vale botar à venda numa garagem física ou virtual – fotografando e postando nos muitos grupos do redes sociais com esse objetivo, por exemplo. Dicas para dar aos pequenos varejistas: praticar preços irresistíveis, com produtos bem expostos e divididos por temas. Amontoar as coisas prejudica a visualização dos itens.

**8** **VENDER AS MAIS BELAS FOTOS.** Ao contrário do que se pensa, não é preciso ser fotógrafo profissional para vender imagens pela internet. Crianças e adolescentes que amam fotografar e clicam imagens incríveis – não qualquer *selfie* –, sabem tratar com as ferramentas do seu *smartphone*... podem vendê-las para bancos de imagens on-line. Alguns vão pagar cada vez que alguém fizer *download*.

**9** **RECICLAR LATAS DE REFRIGERANTE.** Dá para se inspirar na arte em lata de refri pelas fotos publicadas na rede social Pinterest e em vários blogs. Não faltam ideias de artesanato a partir dessa reciclagem. Há quem faça porta-velas, *bottons* para bolsas, broches, panelinhas de brinquedo, castiçal, flores para arandelas de Natal, esculturas de meios de transporte... Essa ideia cai como luva a crianças com sensibilidade estética.

**10 VENDER DOCES.** É uma ideia de negócio bastante popular, principalmente por ser simples de começar. Com 10 anos, minha filha já gostava de preparar bolos, então o irmão Davi propôs sociedade na venda de *cupcakes* no colégio. Ela logo pesquisou uma receita na web e produziu os primeiros. Só que ficaram duros e despadronizados. Se Maria desanimou? Nunca. Compraram mais ingredientes e materiais, incluindo uma máquina que ela havia visto na TV. Finalmente, os *cupcakes* ficaram deliciosos e lucrativos! Tanto que Davi comprou sua primeira Smart TV com a parte dele nas vendas.

Você encoraja os planos empresariais de seus filhos? Que boas ideias de negócios poderia adicionar à lista?

> **Aprender; Servir; Ganhar; Colaborar; Compartilhar. Nessa ordem e em *loop!* Para tudo nessa vida é preciso aprendizado, cair e levantar, sabendo aonde se quer chegar – e para quê.**

# CAPÍTULO 5
## MUDE DE PERSPECTIVA, PLANEJE MELHOR

O Brasil e a América Latina estão carentes de profissionais com boa qualificação, incluindo habilidades cognitivas e socioemocionais, segundo o Relatório de Economia e Desenvolvimento (RED), de 2016, realizado pelo Banco de Desenvolvimento da América Latina (CAF).[11]

A avaliação é de que, tendo mais jovens com melhor formação, teremos mais empreendedores, mais inovação e, com isso, melhores empregos, o que aprimora esse quadro. Importante: essa pesquisa reforça que, além do mercado de trabalho, escola e famílias são fundamentais para o desenvolvimento de crianças e jovens.

Como os caminhos estão menos lineares e estáveis no mercado de trabalho, é necessário que pais e educadores planejem como formar adultos mais qualificados para as demandas atuais. Então, provavelmente você quer saber: "O que posso fazer para que meus garotos e garotas tenham uma boa perspectiva de vida?".

Perspectiva é definitivamente uma palavra de múltiplos significados. Note que ela pode estar relacionada ao modo como se analisa

---

[11] BERNIELL, L., DE LA MATA, D., BERNAL, R., CAMACHO, A., BARRERA-OSORIO, F., ÁLVAREZ, F., BRASSIOLO, P., VARGAS, J. F. **RED 2016. Más habilidades para el trabajo y la vida: los aportes de la familia, la escuela, el entorno y el mundo laboral.** Bogotá: CAF. 26 out. 2016. Disponível em: http://scioteca.caf.com/handle/123456789/936. Acesso em: 05 mai. 2020.

determinada situação ou objeto. No entanto, pode representar também um ponto de vista sobre uma situação específica. Ou, mais ainda, pode ser um panorama do momento ou do que se espera pela frente.

A palavra e o seu significado são tão poderosos que, dentro das artes visuais, por exemplo, a perspectiva é entendida como uma técnica de pintura. Dependendo do ângulo e da distância, consegue-se criar um efeito ilusório nas pessoas que visualizam determinada imagem.

Assim como no mundo das artes, qual é a perspectiva que temos sobre a própria vida e a de nossos filhos? A maneira como enxergamos nossos problemas e possibilidades, por exemplo, pode estar carregada de efeitos ilusórios ou não, dependendo do ângulo, da distância, da pressa... e vai impactar no modo como lidamos com tudo à nossa volta.

## Outros caminhos, novas ideias e oportunidades

É importante fazer essa reflexão quando o assunto é planejar o futuro de uma pessoa. Para ajudar, convido você a praticar este exercício simples, mas revelador: **olhar os problemas que estão acontecendo em sua vida por outra perspectiva.** Imagine um tabuleiro de xadrez com um jogo em andamento, olhando-o de cima.

Você vai começar a enxergar saídas para uma nova jogada; e o mais interessante é que verá também possíveis jogadas dos oponentes. Até mesmo para um "xeque-mate" contra você, e vai saber como se portar naquele momento.

Faça isso na sua vida agora. Saia da angústia e do foco nos problemas que enfrenta para cuidar da sua família. Olhe a situação de fora, como se fosse um espectador, e levante a cabeça! Respire, olhe para cima e ao seu redor. Ande, não fale sobre o assunto por um tempo. Aos poucos perceberá novas ideias, mais de um caminho e oportunidade de se mover na sua tarefa de pai.

Insisto nessa comparação de que a vida é como um jogo de xadrez porque facilita perceber que precisamos avançar, nos mover. Às vezes, com outras opções – impensadas inicialmente – e em outras direções. E isso é fundamental para um bom planejamento de vida, para levar sua família para frente, junto com as mudanças do mundo.

Eu particularmente faço isso sempre. Sabe por quê? Para não ficar preso ao passado, o que considero um grande erro e uma tremenda limitação. Também procuro ter mais escolhas. Um cardápio *premium* de possibilidades à minha frente. Detalhe: saiba que **não existe nada de mais em mudar de opinião, voltar atrás ou traçar novos planos.**

Repetir esse exercício periodicamente serve para pais, especialmente os que sonharam com um futuro para seus filhos bem diferente daquele que vem se desenhando. Isso ocorre com tanta frequência! Mas sempre dá para avançar.

Que tal experimentar ver as coisas por outra(s) perspectiva(s)? Rever seus conceitos? Libertar-se do passado, incluindo a maneira como foi criado? Tudo muda o tempo todo, e é preciso acompanhar essas mudanças para participar mais da vida dos filhos e ser o mentor de que eles precisam.

## Sucesso não cabe numa única forma

Estamos muito acostumados a ler e ouvir fórmulas para atingir o sucesso em todas as áreas. Se alcançá-lo fosse assim tão fácil, todas as pessoas o atingiriam na vida. Claro que é uma questão de perspectiva, e não diz respeito somente a dinheiro! O que é sucesso para um pode não ser para outro. No capítulo 3, você ficou sabendo qual é o meu conceito.

**Este é o ponto: o que significa sucesso para você pode não ter o mesmo significado para o seu filho.** Independentemente do momento que você esteja vivendo com o seu filho, não perca chances de conversar, para entender o que realmente importa *na perspectiva dele* e planejar como, juntos, vão tornar sonhos uma realidade.

Nesses diálogos, pais devem substituir a famosa frase "Ah, se eu soubesse" por "Nesta situação, temos algumas opções e decisões a tomar". Como no jogo de xadrez olhado de cima, lembra? Como colaboração, listo ótimas decisões que estão fazendo a diferença na educação de meus três filhos:

- **Não deixar passar oportunidades nem permitir que seus medos sejam maiores que seus sonhos.**
- **Não deixar se contaminar por más influências e aprender com os erros.**
- **Lutar com as próprias forças, sem esperar que algo caia do céu, procurando aprender sempre algo novo.**
- **Ter como mantra posturas de coragem, iniciativa, persistência e resiliência.**
- **Entender que disciplina não é obrigação, mas uma aliada do sucesso.**
- **Definir ideais claros e ir adaptando conforme as mudanças externas, para que possam seguir em frente.**
- **Ter paixão pelo que fazem e positivismo, escolhendo ver o copo meio cheio de água em vez do copo meio vazio.**
- **Fazer muito além do que for demandado, mas sem se preocupar demais com o que os outros pensam.**
- **Ter coerência entre o que fala e executa, fazendo por merecer os frutos que colherá.**
- **Tomar cuidado com a dúvida, o "se" que paralisa, o "não vai dar certo" que desanima.**
- **Seguir o plano feito e atualizá-lo sempre que necessário, evitando o derrotismo.**
- **Receber muitas vezes um "não" sem abatimentos, sabendo que aquilo que não funcionou veio para ensinar algo.**
- **Não colocar o dinheiro como meta, e sim como um importante meio de realizar sonhos.**
- **Valorizar as pessoas que estão colaborando com as nossas conquistas.**

## O valor de um NÃO

Neste capítulo, em que estamos tratando sobre mudança de perspectiva e planejamento, preciso tratar ainda de um ponto que poucos adultos se sentem à vontade para tocar, mas que é fundamental para qualquer desenvolvimento e construção de limites. Um categórico NÃO dói, e como dói. Às vezes, essa pequena palavra pode representar a não realização de um sonho (mesmo que apenas naquele momento), a não continuação de um projeto, uma desilusão, enfim, o fato é que quem recebe um não nunca esquece. E na verdade o ideal é não esquecer mesmo!

Eu, particularmente, aprendi a reconhecer e agradecer todas as respostas negativas que obtive na vida e é isso que tento passar para os meus filhos. É muito bom aprendermos a ser gratos por tudo o que a vida nos dá, mesmo que sejam coisas ruins ou tristes. Muitas vezes é na dor que descobrimos o valor das escolhas, da vida e do que realmente importa.

Quando tudo vai bem, é fácil lidar com as situações, é fácil ser uma pessoa benquista e positiva. Mas e quando nem tudo vai de vento em popa, como seu filho costuma reagir nas situações de adversidade? É sempre ruim receber um não, mas aprender a lidar e condicionar o seu cérebro a reagir de maneira adequada a esse "não" é uma grande ferramenta de engrandecimento e aperfeiçoamento pessoal que você precisa passar para seu filho, futuro adulto que irá conviver com decepções e negativas o tempo todo.

Se você, pai ou mãe leitor, analisar, perceberá que nossos pais (a maioria com toda certeza) não nos prepararam para enfrentar barreiras, receber "não" no decorrer da vida e muito menos para aceitarmos críticas. E quando qualquer uma das situações citadas acontece, a tendência é que a pessoa fique triste e, muitas vezes, a reação é a agressividade, ou então o "ofendido" deixa claro que não aceitou, ou seja, não assume e absorve a situação de maneira madura e racional.

Principalmente para pais que ainda não sabem lidar bem com um não, um bom exercício para absorver é saber ouvir e avaliar uma crítica, levando em consideração o que a pessoa fala e como fala. Além disso, quando você consegue se controlar e perceber quem está dizendo e qual é a intenção daquele "não", sua compreensão do todo muda e você, provavelmente, perceberá que uma negativa nem sempre é ruim, e verá que com o tempo as palavras passarão a afetá-lo menos e de maneira menos brusca. Desenvolver esse discernimento é importante para absorver e aceitar as coisas e para que você possa repassar esse aprendizado ao seu filho. Note ainda que quem quer seu bem, em alguns momentos, poderá dizer não ou criticá-lo com o intuito de alertar, de corrigir, de apontar novos caminhos.

No meu caso, resolvi fazer o seguinte:

- **As críticas e os NÃOs vindos de pessoas às quais quero bem, eu aceitei como conselho e adotei de alguma maneira. Aqui entram também aquelas pessoas que você e seu filho admiram, respeitam e que fazem parte da vida de vocês de algum modo. É sempre importante e válido analisar comentários de pessoas assim que, de maneira direta ou não, vão influenciar suas ações e escolhas.**

- **Já as críticas e os NÃOs das pessoas que não querem o meu bem, eu entendi como desafio. Infelizmente, há muitas pessoas que vão criticar seu trabalho, apontar erros ou defeitos no seu negócio pelo simples prazer de atrapalhar. Por isso, uma dica valiosa que os pais precisam passar para seus filhos é que existem pessoas de todo jeito e com todo tipo de intenção, e saber diferenciá-las e ouvi-las é o grande desafio. Uma coisa é quem faz uma crítica construtiva, com respaldo e cujo objetivo é contribuir com o desenvolvimento ou melhora de algo. Outra é apontar defeitos de maneira irresponsável e sem cautela. Quem deseja seu bem tem cuidado e respeito ao falar, seja o que for.**

- E os NÃOs que recebi do mercado eu entendi como pontos que eu precisava melhorar. Sobretudo para os jovens empreendedores, saber escutar, absorver e buscar a melhoria contínua é fundamental. Ter humildade e sabedoria para aprender com os outros – mesmo que não sejam necessariamente mais velhos – é ter a capacidade de desenvolver e compartilhar cada vez mais conhecimento e informação.

Este foi o crivo que eu criei para prosseguir ao longo da minha jornada e é o que eu tenho passado para os meus filhos. Acredito que é assim que a gente consegue corrigir, mudar, readequar os rumos e seguir em frente.

> **Deixar seu filho ficar chateado, triste e desmotivado por receber um não é um erro tremendo, porque, além de não ajudar em nada, não o fará amadurecer, encarar uma negativa disposto a superá-la, como tem de ser.**

Quem perde tempo remoendo o que já aconteceu ou não aceita o que aconteceu tem grandes chances de fracassar na vida simplesmente por não deixá-la seguir adiante.

É um trabalho gradativo mesmo, treinei meu cérebro para isso e continuo treinado. Cada NÃO foi encarado como um item a trabalhar e melhorar. Em vendas, por exemplo, quando o cliente dizia "NÃO quero comprar", isso se transformava em um incentivo para eu ampliar e aperfeiçoar meus argumentos de vendas.

Cada cérebro absorve, reage e funciona à sua maneira, e eu sugiro que você analise tudo que foi dito aqui e repasse ao seu filho o que achar adequado. O fato é que, de certa maneira, todos nós adultos ou jovens precisamos nos desarmar, escutar um pouco mais, pensar antes de reagir e de agredir – mesmo que verbalmente. Em algumas situações, se for o caso, peça sugestões ao criticador, mas aprenda também a ignorar o que for inveja e nunca responda com outra crítica.

No final, o que os filhos precisam saber é que os tapas que a vida nos dá, os sorrisos que conquistamos, as tristezas e alegrias, as derrotas e as vitórias, tudo é sinônimo de vida e aprendizado.

## Três decisões valiosas para o futuro de seus filhos[12]

Destaco a seguir três atitudes importantes que os pais devem colocar no seu planejamento, e que nem sempre agradarão os filhos inicialmente. Mas vale a pena insistirem nisso, conscientes de que são para o bem deles. São elas:

**1** **NUNCA DIZER A ELES QUE PODEM SER O QUE QUISEREM.** De acordo com uma pesquisa com quatrocentos adolescentes, realizada pela agência de pesquisa de mercado C+R Research, jovens norte-americanos não estão interessados em fazer o trabalho que precisará ser feito nos próximos anos. Eles aspiram ser músicos, atletas ou designers de videogames, mesmo que esse tipo de trabalho represente apenas 1% das ocupações nos Estados Unidos.

Na realidade, os empregos relacionados aos cuidados de saúde ou negócios de construção serão dourados nas próximas décadas. **Por que não orientá-los sobre profissões bem remuneradas em que haverá grande escassez de trabalhadores?**

---

[12] AWEBIC. **Segundo a ciência, crianças de sucesso têm pais que fazem essas coisas.** [s.l.], 13 mar. 2018. Disponível em: https://www.awebic.com/geral/criancas-de-sucesso/. Acesso em: 05 mai. 2020.

## 2. EM VEZ DE LIMITAR RIGIDAMENTE, QUALIFICAR O TEMPO DE TELA.

As crianças crescem imersas em mídias digitais, o que tem efeitos negativos e positivos no seu desenvolvimento e no seu futuro. Por isso, coloque no seu plano atividades off-line. Pesquisadores descobriram que o cérebro dos bebês poderia ser alterado caso passassem muito tempo usando telas e *smartphones*. Apontaram que, especificamente, o desenvolvimento de certas habilidades seria impedido, incluindo foco e atenção, vocabulário e habilidades sociais. No mínimo preocupante!

A Academia Americana de Pediatria (AAP) chegou a recomendar que menores de 18 meses não fossem expostos a nenhum tipo de tela, exceto para conversas de vídeo. Para crianças de 2 a 5 anos, indicava o limite máximo de 1h por dia. Para as mais velhas, pais deveriam garantir que a mídia não ocupasse o lugar adequado de sono, exercício e interação social.

Mais recentemente, a AAP publicou novas diretrizes sobre o uso de telas e tecnologia com as crianças. Admitiu que as mídias digitais possam apresentar benefícios para crianças a partir de 18 meses, desde que ofereçam conteúdo de boa qualidade. Ou seja, o órgão substituiu limites rígidos de idade e tempo por uma proposta de participação mais ativa de pais e cuidadores na busca por uma espécie de "dieta midiática saudável", se é que você me entende.

O que está por trás dessas novas diretrizes? Que cabe aos pais estabelecer uma rotina equilibrada do uso da tecnologia – por exemplo, não fazendo os joguinhos eletrônicos de "babá" para ocupar o tempo de seu pequeno e deixá-lo descansar em paz. Para começar, sugiro planejar momentos off-line em família, a fim de favorecer outros comportamentos produtivos.

## 3 LER COM ELES E DAR LIBERDADE DE ESCOLHA.

Diante de tantos estímulos visuais, incentivar o gosto pela leitura, sem ser por obrigação, tornou-se um enorme desafio aos educadores e pais do século XXI. E posso assegurar que o esforço vale muito a pena.

De acordo com pesquisadores da Faculdade de Medicina da Universidade de Nova York, bebês cujos pais leem para eles possuíam melhor linguagem, alfabetização e habilidades de leitura precoce quatro anos depois, antes de começar a escola primária.

Além disso, as crianças que gostam de livros crescem aproveitando esse excelente meio de se divertir, ao mesmo tempo em que ampliam seu conhecimento e vocabulário, adquirem cultura. E, num mundo em que tudo está cada vez mais ao toque dos dedos, não se pode desprezar essa fonte de imaginação.

Infelizmente, a educação escolar dificulta esse despertar para o prazer pela leitura ao trazer para as salas de aula listas prontas do que os alunos *precisam* ler. É isso ou ficam com nota zero, depois não passam no vestibular...

Importante: melhor do que ler *para* seu filho é ler *com* ele. Especialmente diante daquele que está sendo alfabetizado, não deixe que apenas olhe as fotos e o visual do livro, enquanto você faz toda a leitura. Chame a atenção dele para as palavras e o sentido do texto. Melhor ainda é conversarem a respeito sobre a mensagem, para que ele exercite a linguagem verbal e oral.

Outra recomendação interessante! Dentro de casa, os pais podem oferecer a liberdade de escolha. Nas idas ao shopping, podem visitar livrarias para que seus filhos exercitem folhear o que desejarem e decidir o que levar para casa. E, em vez de chegar com um livrinho, história ou conto que você escolher para ler para eles, que tal surgir com duas ou três opções e perguntar "Qual?".

Há mais este benefício extra. Algumas páginas por noite são como um relaxante natural. Vão preparando o corpo para uma boa noite de sono, que é outro desafio do qual falarei brevemente no capítulo 7.

> **Ter DINHEIRO não faz de você uma pessoa de sucesso. Ter SUCESSO é fazer a diferença na vida das pessoas.
> (Na perspectiva dos outros, e não na sua!)**

# CAPÍTULO 6
## INICIATIVAS PARA SEMEAR FELICIDADE NAS CRIANÇAS

Qualquer bom pai deseja que seus filhos enfrentem menos problemas, absorvam o máximo de conhecimento na escola e continuem fazendo coisas incríveis como adultos. E, embora não haja uma receita definida para criar profissionais de futuro promissor, alguns fatores contribuem efetivamente para aproximá-los do sucesso almejado.

Ao observar pais que tiveram de batalhar muito para vencer e estão empenhados em preparar filhos que se destaquem em suas escolhas, constato similaridades de postura. Por exemplo:

- Eles ensinam a importância da **socialização**, da interação, do compartilhamento e da troca de ideias e experiências, e valorizam as habilidades sociais de seus filhos, combatendo o isolamento juvenil.
- Eles pensam e sonham grande, então têm **grandes expectativas** de transformar o mundo com inovações e transmitem essa energia aos filhos, que passam a querer mais da vida também.
- Eles sabem que criar filhos **independentes e responsáveis**, que "se virem" dentro e fora de casa, não significa abandoná-los à própria sorte. E nem delegar a professores a necessária preparação para a vida. Ensinam a distinguir liberdade de libertinagem.
- Eles se desdobram para que seus filhos alcancem níveis educacionais mais elevados, aproveitando que o acesso às melhores

universidades do mundo está a um clique e que os cursos, *workshops*, fóruns, seminários estão ficando mais práticos e usáveis.
- Eles estão presentes para apoiar seus filhos nas pequenas vitórias, nas inevitáveis derrotas, nos momentos de dúvida; e, assim, desenvolvem um **relacionamento sincero** com seus filhos. Sem dar tudo o que pedem, nem cumprir todos os caprichos, calibrando com maestria quando dizer "não" ou "sim".
- Eles entendem que seus **filhos são diferentes** do pai e da mãe e de seus irmãos. São seres únicos, então recebem um tratamento único – recado essencial a pais que, como eu, têm uma prole.

Se você vem agindo da maneira como acabei de explicitar, deixe-me dizer que está fazendo um ótimo trabalho como pai ou mãe. Seus filhos devem estar crescendo mais seguros e felizes. Antigamente, quando se perguntava a um pai o que ele mais desejava a seu rebento, a resposta era algo como "Quero criar um cidadão de bem". Hoje, costuma ser "Só quero que ele seja feliz". Só? Quanta coisa cabe nesse desejo de felicidade!

Abro parênteses para comentar que as escolas de negócios estão incluindo felicidade em seus cursos, justificando que esse bem-estar subjetivo é lucrativo para os negócios. É que quanto mais estão felizes, mais têm energia. A discussão ganhou corpo com a Psicologia Positiva e mais rigor e crédito com os avanços da Neurociência e da Neuropsicologia.

O jornal *Financial Times* até publicou um artigo sugerindo que executivos esqueçam um pouco as planilhas, as análises de cenários e o gerenciamento de riscos para tratar desse tópico, que classificaram com variados nomes. Lee Newman, da IE Business School da Espanha, usou o termo "Sentido"; e Jane Dutton, da Ross School of Business da Universidade de Michigan, chama de "Prosperidade Humana".

Pensando nisso como pai, selecionei algumas atitudes que você pode tomar, desde já, para semear um ambiente mais leve e feliz para seus filhos – e para você também.

**ATITUDE 1 –** Permitir que eles se divirtam com amigos.

Na ansiedade de dar ao filho tudo o que o pai e a mãe não tiveram, é fácil encher a agenda deles de atividades. Aulas de inglês, robótica, futebol ou tênis, judô ou balé, violão ou flauta... Que tal reservar algum tempo para que eles possam simplesmente se divertir com os amigos? Rir é grátis, contagioso e desestressa.

Mais relaxados, criamos mais e nos sentimos mais felizes – e queridos! Então, valorize saídas com amigos e familiares que farão seus filhos – e você também – rirem.

**ATITUDE 2 –** Ensinar como se relacionar bem.

Ninguém tem dúvida de que a nossa ascensão na vida recebe influências dos bons vínculos que estabelecemos. Mas... quantos pais gastam seu tempo para ensinar as crianças a se relacionarem com outras pessoas? Por exemplo, explicam como dizer alguma coisa sem magoá-las, incentivam a aproveitar a sabedoria daquelas que já chegaram lá e alertam que devem expressar gratidão a quem é gentil com eles?

Isso fará com que seus filhos se tornem seres humanos melhores e ainda atraiam felicidade e longevidade. É o que mostram vários estudos, como o do psiquiatra Robert Waldinger, diretor da pesquisa *The Study of Adult Development*[13] (Estudo do Desenvolvimento Adulto, em tradução livre). Depois de monitorar 724 pessoas durante 75 anos, a principal conclusão foi que a chave para ser feliz e saudável é ter boas relações interpessoais.

Em sua palestra na conferência TEDxBeaconStreet, em dezembro de 2015[14], Waldinger listou três grandes lições sobre relacionamentos: conexões sociais fazem bem aos seres humanos; a qualidade das re-

---

[13] ADULT DEVELOPMENT STUDY. Disponível em: https://www.adultdevelopmentstudy.org/. Acesso em: 11 jun. 2020.

[14] TED. **Do que é feita uma vida boa? Lições do mais longo estudo sobre felicidade.** Disponível em: https://www.ted.com/talks/robert_waldinger_what_makes_a_good_life_lessons_from_the_longest_study_on_happiness?language=pt-br. Acesso em: 11 jun. 2020.

lações importa mais que a quantidade; e relações felizes protegem a saúde em geral e a memória.

**ATITUDE 3 –** Querer ver empenho, não perfeição.

Os pais que enfatizam demais a realização com perfeição são mais propensos a ter filhos com altos níveis de depressão, ansiedade e abuso de substâncias em comparação com outras crianças. Olhar só para o que não ficou 100% naquilo que eles fizeram vai minando a autoconfiança. Mas é isso que muitos pais acabam fazendo sem querer.

Para avaliar se é o que ocorre com você, convido a imaginar que seu filho recebe o boletim de notas e tirou novamente duas notas 9 (matemática e geometria) e um 5 (biologia). Quanto às outras, ficaram na média 7. Você comentaria, primeiro, qual nota?

É claro que vai incentivá-lo a se esforçar em biologia, afastando as desculpas "Não consigo", "É difícil demais". Entretanto, precisa ressaltar os ótimos resultados nas disciplinas de exatas e estimular que continue se dedicando a elas, pois tudo indica que é nessa área que seu filho terá mais chances de ser bem-sucedido.

Em outras palavras, perfeição em tudo não existe, mas o esforço focado pode garantir uma experiência que leva à excelência naquilo a que uma pessoa se propõe. E quanto mais ela se esforçar naquilo para o qual tem mais talento, mais perto de um trabalho perfeito chegará. Guardadas as devidas proporções, você pode utilizar como exemplo o fato de que os Beatles passaram um tempo tocando em bares de pouca expressão, ganhando uma prática que os fez explodir um pouco depois.

**ATITUDE 4 –** Disseminar otimismo diante da vida.

Pouco se fala, mas existem crianças que são especialmente pessimistas. E é comportamento aprendido. Não nasceram assim. Absorveram da atmosfera familiar, da mídia, do ambiente onde estão crescendo. Não enxergam seu valor e sua capacidade de transformação. Daí, sentem uma crescente insegurança sobre o próprio futuro e baixa autoestima, o que as impede de serem felizes, por mais que haja oportunidades.

Já as crianças de 10 anos que são ensinadas a pensar e interpretar o mundo de maneira otimista são bem menos propensas a depressão quando, mais tarde, passam pela puberdade e enfrentam um turbilhão hormonal que balança o seu emocional. A saúde física e mental delas agradece!

Segundo estudo com mais de 5 mil adolescentes australianos de 12 a 14 anos publicado pela Academia Americana de Pediatria, os otimistas também se envolvem menos em situações de risco, como brigas, dirigir sem carteira de motorista, fugir de casa, ser suspenso da escola ou pichar locais públicos.

**ATITUDE 5 –** Desenvolver a inteligência emocional.

A inteligência emocional é uma habilidade, não uma característica inata. Pensar que as crianças "naturalmente" entenderão as próprias emoções – e as dos outros – não as prepara para o sucesso. Elas podem chorar, ficar tristes, mas precisam saber lidar com esses sentimentos para conseguirem seguir em frente, encarando os altos e baixos da vida.

O mundo apresenta muito mais escolhas profissionais e de estilo de vida, e isso pode gerar angústias e autocobranças. Portanto, incentive-as a resolver seus problemas, impasses, conflitos de acordo com o que for melhor para si, sem ferir a liberdade do outro. Pergunte o que elas querem e ajude-as a enxergar mais de uma solução.

Além disso, não adianta nada seu filho ser um gênio se não souber receber críticas, por exemplo. Uma dose de frustrações é como um choque de realidade. Ignorar, banalizar ou, no extremo oposto, exigir que os filhos sufoquem seus sentimentos negativos – ordenando que "engulam o choro", por exemplo – é tudo o que um pai ou mãe não deve fazer.

Quantos profissionais atingem o sucesso a partir de um fracasso porque utilizaram inteligência emocional para persistirem. A trajetória de J. K. Rowling, autora da célebre saga *Harry Potter*, dá uma excelente aula sobre isso. Sugestão: procure na internet o discurso da escritora aos formandos da Universidade de Harvard e confira com seus filhos. Depois, converse com eles a respeito.

**ATITUDE 6 – Formar hábitos de felicidade.**
Pense em como você pode ajudar as crianças a garantir momentos de felicidade no seu dia a dia. Comece mudando um modelo mental que deixa um vazio que parece não ser preenchido nunca. Explico: estamos sempre correndo atrás de algum objetivo e dizendo que, depois que atingirmos, seremos felizes, certo? Pois esse tipo de satisfação ancorado em grandes eventos é fugaz, dura pouco.

Li, certa vez, sobre um estudo da Universidade Northwestern[15], em Illinois, Estados Unidos, que comparou os níveis de felicidade de pessoas comuns com os de ganhadores da loteria no ano anterior. Para surpresa dos pesquisadores, eram praticamente idênticos.

É claro que você vai ficar radiante com uma grande vitória sua ou de seu filho – e comemorar muito com a família toda. Contudo, saiba que também deve adotar hábitos que trarão doses menores, porém frequentes de felicidade. Por exemplo, lembrar de quebrar a rotina de vez em quando fazendo alguma atividade diferente – como ir assistir ao pôr do sol. Também praticar esportes, para o corpo liberar endorfinas e outras substâncias associadas ao bem-estar.

**ATITUDE 7 – Ensinar autodisciplina (ou disciplina positiva).**
A autodisciplina em crianças é preditiva do sucesso futuro por facilitar o processamento das informações e facilitar resistir à tentação ao imediatismo, entre os muitos benefícios.

Crianças gostam de testar os pais o tempo todo para saber até onde podem ir nas suas vontades. O que eles estão pedindo? Disciplina. Não

---

[15] LORIA, Kevin. **How winning the lottery affects happiness, according to psychology research.** Business Insider, [s.l.], 24 ago. 2017. Disponível em: https://www.businessinsider.com/winning-powerball-lottery-happiness-2017-8. Acesso em: 05 mai. 2020.

vai comer doce minutos antes de jantar. Não vai ser desleal com os colegas do trabalho escolar em grupo. Não vai ser consumista só para se exibir nas redes sociais. E por aí vai.

Entretanto, é importante que seus filhos aprendam a controlar sua natureza impulsiva e ajam correta e adequadamente conforme a situação não apenas por medo da punição, mas por entenderem os porquês. Em outras palavras, vão criando consciência do que fazer ou não, das motivações e consequências de seus atos.

Portanto, tenha paciência de explicar por que disse "não" e escute com atenção os desejos e as necessidades deles para orientar como nomear e controlar tais impulsos.

**ATITUDE 8 – Permitir que eles brinquem mais.**
Lemos que técnicas de *mindfulness* – ou atenção plena – e meditação são bastante poderosas para pais e filhos compensarem o excesso de atividades e estímulos que distraem suas mentes daquilo que interessa, aliviarem o estresse e a ansiedade. Fazer com que as crianças as pratiquem, no entanto, pode ser um grande desafio.

A sugestão é uma alternativa bastante conhecida: a velha e conhecida arte de brincar. Há uma série de jogos e atividades lúdicas que exercitam prestar atenção, esperar, imitar, ser rápido ou cuidadoso, aguçar os vários sentidos, promovendo o desenvolvimento cognitivo, criativo, social e emocional infantil.

Pena que cada vez menos elas têm tempo para a experimentação, a imaginação, as brincadeiras sem hora marcada! A maioria das crianças brasileiras, acredite, passa menos tempo ao ar livre do que um presidiário, conforme mostrou a pesquisa Valor do Brincar Livre,[16] realizada pela marca de sabão em pó líder de mercado com mais de mil pais no Brasil.

---

[16] OMO. **Brincar livremente é importante: conheça a nossa pesquisa.** Disponível em: https://www.omo.com/br/se-sujar-faz-bem/aprender-brincando/brincar-livremente-e-importante.html. Acesso em: 11 jun. 2020.

**ATITUDE 9 – Planejar seu ambiente para a felicidade.**

Todos somos muito influenciados pelo nosso ambiente – mais até do que percebemos. Nesse sentido, seus esforços são fundamentais para cuidar da casa, que é o porto seguro das crianças, de modo a promover uma atmosfera saudável, gostosa e motivadora do desenvolvimento pleno de seus filhos.

Isso inclui preparar o espaço de estudo e, sobretudo, cuidar do que é falado e feito dentro de casa. Crianças não precisam participar das conversas tensas dos adultos, por exemplo, enquanto elas não têm compreensão do contexto.

Proporcionar atividades ao ar livre de lazer e culturais e a prática de esportes, além de passar algum tempo brincando e conversando com elas, é outra ótima maneira de combater o excesso de exposição à tevê e às redes sociais digitais. Ainda que se aprenda com as mídias, que se divirta com elas, que se faça conexões inimagináveis no passado, há muita "falsa felicidade" sendo demonstrada ali. Nem 8 nem 80, o meio termo seria o ideal.

**ATIVIDADE 10 – Fazer alguma refeição juntos.**

Se, para você, a imagem de uma família à mesa comendo, conversando e rindo é aquela dos comerciais de margarina e afins, saiba que comer de maneira unida pode mudar a cara das relações dentro de casa. Traz um resgate do olho no olho e do papo – mesclando o trivial com o importante – que ajuda a moldar crianças emocionalmente mais estáveis e as torna mais felizes.

Porém, isso tem se tornado raro nos dias de hoje. Seja porque os pais estão trancafiados no trabalho até tarde, seja por causa do trânsito, ou ainda devido à perda da familiaridade com o fogão. Comer fora, ou cada um numa hora e num local da casa diferente, faz parte da rotina corrida atual, e não é condenável. Mas vale a pena equilibrar com algumas refeições semanais à moda tradicional.

É sempre uma oportunidade de troca, que não se limita aos alimentos. Estudos da Universidade Estadual de Nova Jersey (EUA)[17] indicam vantagens, que vão desde as crianças ingerirem mais nutrientes e menos *junk food* até adolescentes menos propensos à depressão e se sentindo mais acolhidos pela família.

Café da manhã, almoço ou jantar – será que sua família não consegue ajeitar os horários para garantir ao menos uma laranjada ou macarronada unida? Você pode se inspirar no fundador da Amazon, Jeff Bezos. Casado com uma escritora e pai de quatro filhos, evita marcar reuniões muito cedo para poder fazer uma boa refeição com a sua família.

Você pode aumentar essa lista de atitudes a favor de criar crianças mais felizes. Lembrou-se de alguma que vai adotar assim que terminar de ler este livro? Anote aqui para se comprometer com ela:

_____
_____
_____
_____
_____
_____
_____

> **A conquista da felicidade de seus filhos não depende apenas das suas condições materiais, mas principalmente do seu exemplo na maneira como encara a vida, faz escolhas e toma decisões.**

---

[17] HOTCOURSES BRASIL. **Encontre uma universidade no exterior.** Disponível em: https://www.hotcourses.com.br/study/international/schools-colleges-university/list.html. Acesso em: 11 jun. 2020.

# CAPÍTULO 7
## FILHOS MAIS ATENTOS E INTELIGENTES, COM O APOIO DA CIÊNCIA

Como curioso e estudioso que sou, aprofundei-me em temas e pesquisas desenvolvidos pela ciência para entender o que faz as crianças mais felizes, qual tipo de parentalidade funciona melhor e o que faz as famílias – no geral – mais harmônicas.

Descobri, ainda, o que faz as crianças – desde bebês até a adolescência – mais inteligentes! Trata-se de uma função cognitiva ampla. Entre outros aspectos, envolve a capacidade de raciocinar, planejar, resolver problemas, pensar abstratamente, compreender ideias complexas e aprender com as experiências.

Por esse motivo, especialistas dizem que ela é multifatorial, pois depende de diversos estímulos – os que a criança recebe em casa, na escola, na comunidade, nos passeios, na internet.

A seguir, listo seis bons estímulos, constatados pela ciência, que podem ajudar a deixar o cérebro da sua prole tinindo:

**LIÇÕES DE MÚSICA:** Numa pesquisa realizada pela York University em parceria com o Royal Conservatory of Music de Toronto,[18] cerca de 90% das crianças que tiveram treinamento musical apresentaram melhora na inteligência, com melhor conhecimento de vocabulário,

---

[18] KIPNIS, Igor (Ed.). **The Harpsichord and Clavichord: An Encyclopedia**. Abingdon-on-Thames: Routledge, 2013. v. 2.

tempo de reação e precisão. Sabendo que muitos pais, para calarem os filhos e mantê-los "sossegados", não hesitam em presenteá-los com *tablet* ou *smartphone*, o neuropsicólogo espanhol Álvaro Bilbao aconselha: se quer ter filhos – mais – inteligentes, priorize dar a eles um instrumento musical.

**ATIVIDADE FÍSICA/ESPORTES:** Pesquisadores alemães descobriram que as pessoas absorvem palavras 20% mais rápido após se exercitarem do que antes. Outros estudos, por meio de ressonância magnética, confirmaram que a área do cérebro responsável pela memória e o aprendizado era maior em crianças que se exercitavam em comparação às sedentárias. Provavelmente pela necessidade de usar o raciocínio que alguns esportes exigem. No entanto, essa prática precisa ser prazerosa, e não imposta pelos pais. Assim, o estímulo cerebral é maior.[19]

**PEIXE/SONO:** Nossa família é da capital alagoana, região rica em pescados. Mas não é em todos os lares que se privilegia o consumo de peixe. Deveria. De acordo com um novo estudo norte-americano realizado na Universidade da Pensilvânia,[20] crianças que comem peixe ao menos uma vez por semana dormem melhor e têm QI maior do que as que consomem o alimento com menos frequência. Pesquisas prévias já haviam relacionado o ômega-3 à melhora da inteligência e a um sono de maior qualidade, mas nunca esses três fatores estiveram conectados em um trabalho.

---

[19] KATO, Rafael. **Com novas técnicas, alemães conhecem melhor o cérebro**. Exame, São Paulo, 02 nov. 2017. Disponível em: https://exame.abril.com.br/revista-exame/cerebro--a-fronteira-final/. Acesso em: 05 mai. 2020.

[20] REDAÇÃO NSC. **Comer peixe melhora o sono e a inteligência das crianças, diz pesquisa**. NSC Total, Santa Catarina, 30 mar. 2018. Disponível em: https://www.nsctotal.com.br/noticias/comer-peixe-melhora-o-sono-e-a-inteligencia-das-criancas-diz-pesquisa. Acesso em: 06 mai. 2020.

**APRENDIZADO ATIVO:** Nosso cérebro evoluiu para aprender fazendo coisas, e não somente ouvindo sobre elas. Essa é uma das razões pelas quais, para desenvolver muitas habilidades, é melhor gastar cerca de dois terços do seu tempo testando-se. Se seu filho deseja, digamos, memorizar informações contidas num texto, é melhor que gaste 30% do tempo lendo, e os outros 70% aplicando – ou, para usar uma palavra contemporânea, "experienciando" – de alguma maneira esse conhecimento.

Essa regra dos ⅔ do tempo tem como base a conclusão de uma pesquisa dizendo que os experts em nível mundial têm 10 mil horas de prática.[21] A pirâmide de aprendizagem do psiquiatra norte-americano William Glasser dá ainda mais crédito ao fazer. Nela, o estudioso afirma que aprendemos 10% do que lemos, 20% do que ouvimos, 30% do que observamos, 50% do que discutimos, 80% quando colocamos "a mão na massa" e 95% do que ensinamos aos outros.

**AUTODISCIPLINA/FORÇA DE VONTADE:** Falando em QI, não vale muito sem autodisciplina. Ou seja, essa habilidade de agir, pensar e se comportar gerando crescimento pessoal bate o QI na hora de prever quem terá sucesso na vida. Ao contrário do que se imagina, ela não aprisiona. Dá norte, ajuda a não ficar girando em círculo. Estudos mostram que a força de vontade é importante para o sucesso individual, como um realizado pela Universidade da Pensilvânia,[22] evidenciando que jovens com maior força de vontade e autodisciplina obtiveram as maiores notas e passaram nas melhores faculdades. Eles faltavam menos, distraíam-se menos na internet e TV e faziam as lições de casa mais frequentemente.

---

[21] LUDOS PRO. **Pirâmide de aprendizagem: William Glasser estava certo?** São Paulo, 30 ago. 2019. Disponível em: https://www.ludospro.com.br/blog/piramide-de-aprendizagem. Acesso em: 06 mai. 2020.

[22] MEDEIROS, Ana Gabriela Françoso de. **Inteligência emocional: a competência para alcançar o sucesso**. 82 f. Trabalho de Conclusão de Curso - Universidade do Vale do Paraíba, São José dos Campos, 2018.

**AMBIENTE PROPÍCIO:** Com relação à habilidade intelectual e certos aspectos da personalidade, as crianças têm bastante semelhanças com os pais. No entanto, influências ambientais como viver em um bairro agradável, ir a boas escolas e sair com outras crianças inteligentes também molda seu grau de conhecimento aliado à capacidade de resolver problemas. Para dar um número, trabalho de pesquisadores do Reino Unido e Austrália comparando pequenas variações do DNA às capacidades intelectuais de mais de 3,5 mil pessoas credita de 40% a 50% da inteligência. Desenvolvida por cientistas da Universidade de Edimburgo, na Escócia, do Instituto de Pesquisa Médica Queensland, na Austrália, e da Universidade de Manchester, na Inglaterra, a pesquisa foi publicada no periódico científico especializado *Molecular Psychiatry* em 2016.

## 3 maneiras de trabalhar a mente deles no dia a dia

Cientistas de Baltimore, Estados Unidos, que pesquisam desde 1968 as chaves para criar filhos mais inteligentes e com sucesso na vida mostram que não há um fator determinante, mas um conjunto. Começa pelo amor e apoio dos pais e envolve outros fatores, como a permissão para que eles realizem tarefas complexas e, repare bem, brinquem com videogames e jogos de adivinhação.

A propósito, um estudo da Universidade de Columbia, nos Estados Unidos[23], aponta que os jogos eletrônicos podem ser benéficos para crianças. Feito a partir da análise dos dados com 3.195 crianças europeias entre 6 e 11 anos, indicou que aquelas que jogavam videogame tinham duas vezes mais chances de terem alto desempenho na escola e melhor função intelectual.

---

[23] SCIENCEDAILY, **Time spent playing video games may have positive effects on young children.** [s.l.], 08 mar. 2016. Disponível em: www.sciencedaily.com/releases/2016/03/160308135128.htm. Acesso em: 06 mai. 2020.

Usado com moderação, esse tipo de entretenimento também pode contribuir para que as crianças fiquem mais sociáveis, acreditam os cientistas. É preciso ensiná-las desde cedo a distribuir mentalmente seu tempo de maneira inteligente, para caber diversão e outras atividades que desenvolverão habilidades necessárias para ingressar em boas faculdades e começar sua vida adulta.

Pais devem fornecer tarefas e, até que seus filhos tenham autodisciplina, ficar só na coordenação, monitorando, para certificar-se de que sejam realizadas. Por exemplo, passar o aspirador no quarto, lavar a louça, cortar a grama do jardim, fazer compras no supermercado próximo de casa...

Alguns mais ansiosos incorrem no erro de aguardar só alguns minutos. Eles não finalizaram ou nem começaram? Esses pais ou mães vão lá e fazem pelos filhos. Desse jeito, não estão moldando uma ética de trabalho que será valiosa no futuro. Orientá-los a completar as tarefas demonstra que eles desempenham um papel fundamental no bom funcionamento do dia a dia da família.

Para que isso funcione, você precisa acreditar que seu filho será capaz de realizar tarefas básicas. Faça melhor ainda: diga que acredita nele, que sabe que é esperto, inteligente, pois essa atitude vai impactar positivamente o desempenho do seu pequeno.

Há um experimento bem conhecido, realizado pelos pesquisadores norte-americanos Robert Rosenthal e Lenore Jacobson numa escola primária da Califórnia, mostrando que os alunos em quem os professores acreditaram mais – embora tivessem desempenho semelhante aos outros – atingiram resultados melhores ao final de um ano. É o chamado Efeito Pigmaleão, que pode ser resumido da seguinte maneira: expectativas elevadas geram resultados elevados.[24]

---

[24] SOLER, Alberto. **O verdadeiro poder das expectativas na sua felicidade**. El País Brasil, São Paulo, 08 jul. 2017. Disponível em: https://brasil.elpais.com/brasil/2017/07/07/eps/1499462319_556097.html. Acesso em: 06 mai. 2020.

## 1 APRESENTANDO NÚMEROS DESDE CEDO.

Matemática é parte da vida. Engana-se quem reduz sua importância a saber tabuada, fazer contas de cabeça e ser *nerd*. Para progredir na vida, uma criança deve compreender, aos poucos, raciocínio lógico, a relação entre ideias e conceitos, a razão de utilizar determinada regra, identificar formas e sequências...

Como nem todos os adultos tiveram uma boa base em matéria de cálculos e vários sofreram no passado nas aulas de matemática, criam horror e acabam passando para os filhos a ideia de que esse conhecimento é um bicho-papão. O mundo atual pede que se desmistifique essa aura de complicação para que os adultos do futuro deslanchem.

Nos negócios, é um poderoso instrumento de comunicação por permitir ao profissional de qualquer área fornecer informações objetivas e dinâmicas por meio de funções, tabelas, gráficos – enfim, métricas. O velho e bom "preto no branco", e não "achismos".

Verdade que algumas crianças demonstram mais facilidade do que outras, que precisarão se esforçar um pouquinho mais. Cuidado apenas para não rotular que meninos são bons em matemática e meninas, não! Isso só atrapalha o desenvolvimento de ambos os gêneros. E todos precisamos dessa ciência para lidar melhor com as tecnologias e tomar decisões econômicas que dizem respeito a toda a sociedade.

O que estimula enormemente o cérebro é a conversa, fazendo mais perguntas do que respondendo, e desafiando seu filho a fazer contagens e comparações, a resolver problemas concretos – quantos lápis de cor cabem nesta caixa? Quantas balas você consegue comprar com essas moedas?. E o que mais desestimula é deixá-lo se sentir constrangido caso erre o resultado.

Muitos adultos fogem de fazer cálculos por medo de passarem vergonha. Justamente por isso, a melhor maneira de ajudar é acompanhar seu filho desde cedo, no cotidiano, para que adquira base e, consequentemente, a confiança em continuar aprendendo operações mais e mais complexas.

## 2 ESTIMULANDO-OS A SOLUCIONAR OS PRÓPRIOS PROBLEMAS.

Os pais de crianças bem-sucedidas estimulam o pensamento dando ferramentas para resolver problemas, e não o resultado pronto. Na prática, perguntam como elas pensam que determinada palavra deve ser escrita – exceção, por exemplo – em vez de ir ditando a resposta, deixam que tentem fazer um eletrônico delas voltar a funcionar ou que cheguem a um acordo sobre um conflito entre colegas da escola.

Esses movimentos ajudam as crianças a desenvolver o hábito de tentar resolver os próprios problemas, o que leva a sentimentos de competência e confiança – habilidades inestimáveis para a navegação na vida adulta.

## 3 ENSINANDO-OS A FAREJAR *FAKE NEWS*.

Um ponto de atenção, sobre a internet, é o das *fake news*. Engana-se quem pensa que esse tema só interessa a adultos. Seus filhos recebem o tempo todo notícias falsas por aplicativos e redes sociais, então precisam ser educados também para saber identificar o que é perda de tempo, desinformação ou lixo mesmo.

A maior defesa contra os riscos do engano e a manipulação da informação é o exercício do pensar. Somente assim eles poderão distinguir o verdadeiro do falso, o confiável do duvidoso, o isento do tendencioso. O ponto que quero discutir aqui é que pais podem fazer esse trabalho de ensinar a farejar inverdades, assim como isso deve ser feito nas escolas.

Quanto mais a criança souber sobre o que está acontecendo no mundo, mais protegida estará das *fake news*, menos capturada será pela polarização das ideias e terá opiniões próprias, embasadas, pensadas. Sem entender o que se passa ao seu redor, seus filhos não se sentem parte da sociedade.

Eles veem na televisão e leem na internet o que está circulando no momento, em tempo real. Como muitos adultos também sentem dificuldade em detectar notícias falsas – lembre-se de quantas são repassadas a você pelo WhatsApp diariamente ou aparecem na *timeline* das suas redes sociais! –, as crianças acabam sem orientação.

Não permita isso. Apure o seu filtro checando notícias "estranhas" ou sem fonte declarada, para poder desenvolver mais atenção, inteligência e senso crítico na sua família. Um dos reflexos, com certeza, será o de blindar seus filhos de serem manipulados dessa maneira.

> **Conhecimento é diferente de informação, que por sua vez é diferente de decorar a matéria. Conhecimento é o que você aprende e aplica, informação é o que você vê por aí. E decorar para tirar nota 10 limita em vez de expandir horizontes.**

Muitas vezes, o pai e a mãe não enxergam os filhos como eles são e estão. Acham sempre que, se há algum problema, é por culpa dos amigos, que agem como más companhias. Sugiro muita atenção para saber se não é o contrário: seu filho é que está conduzindo o filho alheio por trilhas pouco saudáveis.

Eu não tenho uma experiência prática para compartilhar, pois meus filhos sempre caminharam numa linha saudável. No entanto, infelizmente vejo acontecendo e leio a respeito do incremento no consumo de drogas e bebidas, por exemplo.

Se você tem crianças, a palavra-chave é prevenção, que começa por analisar o ambiente dentro de casa. Há algum parente adulto que bebe mais do que socialmente perto dele? No caso de adolescentes, é temerário fechar os olhos para as festinhas deles, permitindo bebida alcoólica. Infelizmente, há pais que incentivam seus meninos a beber. Nisso, vão facilitando as coisas para eles.

Não é proibir, porque tudo que é proibido é mais gostoso. Se há diálogo, procure saber se o seu adolescente tem vontade de experimentar e mostre as consequências, os efeitos colaterais. Talvez seja só autoafirmação. E, convenhamos, há outras maneiras mais positivas de seu filho revelar ao mundo que está virando adulto.

Isso também é educar, sendo melhor ainda começar a prevenção antes da adolescência. Despertar o gosto das crianças por esportes é um excelente antídoto. Tanto para afastar de bebidas e drogas como do risco de sofrer de ansiedade e depressão, outros dois vilões cada vez mais presentes nessa faixa etária, infelizmente.

Outra medida cautelar é ser receptivo aos amigos dos filhos, chamando-os para vir à sua casa. Assim, você vai conhecendo mais de perto o universo de relacionamentos e os outros adolescentes com quem seus filhos convivem.

Quando o filho já está mergulhado nas drogas e bebendo em excesso, talvez o recurso das conversas não tenha mais efetividade. Procurar ajuda profissional especializada pode ser necessário, evitando assim danos maiores a ele próprio e a quem estiver próximo. E continue dando seu apoio total para que ele saia dessa.

Há outros vilões bem menos tensos ameaçando a boa educação, que vão desde o filho não pedir educadamente as coisas (achar que o adulto não faz mais que a obrigação de "servi-lo") até ficar grudado nos eletrônicos, passando por desobediência aos seus comandos, o que exige uma reação mais assertiva de pai.

Alguns problemas são mais comuns do que você imagina, acredite! Frases como "Meu filho não sai da internet", "Só fica preso ao videogame", "Não larga o celular e não quer estudar" ou "Meu filho não sai do quarto – ou da cama", infelizmente, não são exclusivas e restritas a poucas famílias na atualidade. Vamos tratar melhor disso a seguir.

# CAPÍTULO 8
## MEU FILHO NÃO SAI DO QUARTO, NEM DA INTERNET!

**V**ou ser direto sobre a minha opinião: a culpa é sempre de quem educa. Quando dizem que os filhos não largam o videogame ou o celular, vale a pena pensar que aquele ambiente que está ali é o que receberam em casa.

Outro dia, liguei a TV e vi um casal famoso de apresentadores no palco do *Domingão do Faustão*, respondendo a perguntas de pessoas comuns, nas ruas. Uma delas lançou:

— Dentro da sua casa, como vocês fazem para tirar seus filhos do celular?

— Essa é a maior dúvida de todos nós. — Faustão reforçou, sugerindo arrancar o aparelho da mão do garoto ou da garota sem cerimônia.

Não é assim. Eu pergunto:

- **Qual é o exemplo que o pai está dando? Conversa com o filho?**
- **Ou também vive no celular?**
- **Já pensou que a solução começa por analisar como é o ambiente da casa e buscar um equilíbrio oferecendo outros entretenimentos?**

Além disso, é preciso considerar que muitas vezes nossos filhos estão estudando pelo celular. Muitas vezes chegam material que fotografaram da lousa ou das anotações dos colegas, ouvem explicações de professores gravadas em sala, trocam ideias sobre o trabalho em grupo pelo WhatsApp, têm as datas de provas no calendário.

A angústia dos pais, em casa, também é vivida pelos professores, em sala de aula. Mas o que cabe melhor: impedir o uso dessa ferramenta ou engajar os alunos desenvolvendo práticas pedagógicas que utilizem o aparelho móvel – para pesquisas e games que ajudam a memorizar conteúdos, por exemplo?

Eu penso que, em vez de proibir, pais e educadores devem trazer a questão para a realidade. Transformar problema em oportunidade de aprendizado, tirando partido da tecnologia.

## Pais ausentes de corpo presente

É muito sério quando pais se enganam que estão presentes, mas a cabeça está longe... Um grupo de pesquisadores ficou sentado em uma dessas hamburguerias e gravou o que as crianças e os adolescentes faziam enquanto os pais ficavam navegando nos dispositivos digitais. Os menores se comportavam mal de propósito para chamar a atenção.

Filhos que têm uma base segura de atenção e amor dos seus pais deverão ser mais bem-sucedidos lá na frente do que aqueles que não, independentemente do status socioeconômico. Isso não significa que você tenha de levá-los para a Disney World ou para o cinema todas as semanas, mas faria bem em ler um livro, compartilhar refeições sempre que possível e geralmente se tornar disponível quando eles precisam de você.

Ao nutrir um forte vínculo com seus filhos desde o nascimento, você vai ajudá-los a sentirem que têm chão, estofo emocional – e as crianças seguras são mais propensas a se tornarem adultos bem-sucedidos. Veja como passar o tempo de qualidade com adolescentes de maneiras que realmente amam.

Portanto, trabalhe muito, mas reserve um tempo semanal para estar 100% conectado aos seus filhos. Deixe as mensagens dos aplicativos e os e-mails de trabalho para responder depois.

A menos que você trabalhe em UTI hospitalar, nesses momentos preste atenção nos sentimentos e emoções deles, e não nas notícias do celular. Saiba mais sobre os desafios e realizações diárias. Pergunte como eles pretendem solucionar dilemas do dia a dia; e peça para filtrarem as ideias levantadas, ajudando-os a enxergar como alcançarão seus objetivos.

## Impor limites é para o bem

É fato que crianças questionam os limites e desafiam, com frequência, os adultos durante a sua formação. O problema é quando os pais, por trabalharem muito e terem pouco tempo, apelam para a tática do xeque-mate: "Ou você melhora as notas ou não joga mais videogame", "Se não comer na mesa na mesma hora que todos, não vai ao aniversário da sua amiga hoje".

A ameaça até pode trazer resultados, mas quase sempre serve como medida paliativa, e não solução transformativa. Nas situações em que ele não quer cumprir suas obrigações básicas – de estudar, comer bem, dormir o suficiente, arrumar seu quarto, vestir-se adequadamente, cumprimentar as outras pessoas direito... – e deseja apenas fazer o que lhe der vontade, é importante contar com uma orientação mais assertiva dos pais.

Por isso, é importante refletir sobre até que ponto a sua autoridade de pai e mãe pode chegar. E ter a consciência de que dialogar – isso implica falar, mas ouvir também – é sempre o melhor caminho.

Alguns erros podem ser evitados na hora de educar. E, quando se trata de limites, simplesmente impor nem de longe é a melhor solução. Já pensou que, em vez de brigar e se exaltar porque seu filho não sai da internet ou do videogame, você pode mostrar a ele por que precisa distribuir melhor seu tempo e direcionar sua atenção a outras atividades?

Compartilho a seguir erros e acertos com os quais os pais de hoje lidam no dia a dia pegando o gancho do tema deste capítulo, que envolve jogar.

## O jogo dos 7 acertos

Se você não quiser repetir erros comuns cometidos pelos pais nessas circunstâncias, jogue positivamente com seus filhos. Só assim colaborará para que eles amadureçam, despertando-os para estratégias proativas na vida e transmitindo-lhes valores.

Listo a seguir alguns acertos que são bastante discutidos atualmente e cabem tanto para lidar com o excesso de tempo na internet quanto para outras preocupações, como dormir na hora ideal, comer direito, respeitas as regras da casa...

- **TER UM COMANDO ÚNICO NA FRENTE DA CRIANÇA:**
Quando pai desautoriza uma ordem dada pela mãe e vice-versa, tal desencontro pode gerar uma confusão na cabeça da criança. Afinal, qual limite está valendo? Se considerar o que a mãe falou, e não o pai, vai parecer que gosta mais dela e menos dele? Claro, nem sempre o casal concordará em tudo, mas deve chegar a um acordo longe da criança.

- **IR ALÉM DO "NÃO PODE" E "NEM TENTE":**
Argumentar buscando ser compreendido é o que os bons pais fazem. Partindo da constatação de que o ser humano cumpre melhor as regras se entender o motivo, é mau negócio resumir sua fala em "não pode" ou "você não vai" e fim de papo. Paciência de explicar é condição para uma boa educação. A criança precisa saber que você só quer o melhor para ela.

- **GOSTAR DE CONVERSAR COM SEU FILHO:**
Por incrível que pareça, alguns pais têm preguiça ou pouca disponibilidade de conversar com seu filho, de procurar palavras que sejam adequadas ao nível de compreensão dele e, principalmente, de ouvir. Então, passam a ordem e querem encerrar o assunto. Não me canso de dizer que a comunicação é um meio insubstituível de

transmitir afeto, confiança e segurança. Para fortalecer o vínculo, melhore a sua comunicação.

- **FAZER O QUE PREGA, O QUE DIZ:**
  Adotar a máxima "faça o que digo, não faça o que eu faço" é como um tiro no pé. Os pais são a referência do filho, como mencionei em vários momentos deste livro. Tanto que é comum brincar de imitá-los na infância. Lembre-se: o exemplo é muito mais poderoso na educação do que as palavras.

- **ESTAR AINDA MAIS PRESENTE NA ADOLESCÊNCIA:**
  A adolescência tem a fama de ser uma fase bastante conflituosa no que se refere à relação familiar, causando preocupação nos pais. Muitos chegam a dizer que "não sabem mais como agir" quando são surpreendidos pelas transformações físicas e emocionais pelas quais seus filhos passam. Por falta de diálogo e interação, alguns só se dão conta do quão distantes estão em situações extremas – expulsão da escola, por exemplo. Não deixe isso acontecer.
  
  Quando você faz parte efetivamente da vida do seu filho, seja qual for o problema, a melhor solução será encontrada juntos. Alguns acham que a fase que mais exige atenção dos pais é a da primeira infância, por seu filho ser 100% dependente deles. Penso que todas as fases merecem atenção, só muda o jeito e o contexto.

- **VALORIZAR SEU COMPANHEIRO NA FRENTE DO FILHO:**
  Por que mais facilmente criticamos em vez de elogiarmos? E há casais que têm a péssima mania de recriminar o jeito e as atitudes do cônjuge na frente dos outros – incluindo os filhos. É cruel quando o pai denigre a imagem da mãe e vice-versa, na tentativa de obter a cumplicidade da criança, pois ela fica dividida e sofre geralmente calada.

- **ESTABELECER REGRAS VIÁVEIS:**

    Quando se sentem soltas demais, as crianças reagem desafiando os adultos até encontrar alguém que se importe com elas o bastante para dizer "Querido, você só vai até aqui, não vai passar dessa linha". O ideal é negociar regras viáveis, de modo a chegar a um combinado, um acordo, em vez de só impor. Por exemplo: "Vamos combinar uma hora de videogame naquele dia em que chega da escola mais cedo e duas horas no fim de semana, ok?". Como já disse, eles necessitam de limites, colocados por pessoas mais experientes que os ajudem a traçar meta e caminhos positivos. Significa promover a segurança do seu filho em formação e ajudá-lo a distribuir vontades e necessidades, lazer e obrigações.

## O jogo dos 7 erros

Um dos maiores desafios hoje é o de exercer a autoridade de pai sem ser autoritário, como ocorria nas gerações anteriores. Aquela figura do provedor, que desaparecia o dia inteiro e chegava só à noite, não querendo muito papo com os filhos, mas pagando todas as contas da casa, não existe mais. E o que fica no lugar?

Partindo dessa premissa, selecionei alguns equívocos a não cometer se quisermos ser pais modernos, mas ainda assim pais.

- **BANCAR O DURÃO SÓ DE FACHADA:**

    Um dos principais erros de pais e mães "durões" é afrouxar diante da primeira dificuldade, mostrando-se instável em suas decisões. Um "não" que vira sim por falta de paciência de argumentar desmoraliza qualquer pai. Fora aquele que volta atrás por não suportar que o filho se frustre. Se deseja que seu filho seja determinado e resiliente, dê o exemplo não mudando de opinião o tempo todo – e sem um motivo forte.

- **CEDER AOS GRITOS, CHORAMINGOS E BIRRAS:**
  Há momentos em que os pais só desejam que os filhos de mais de 2 anos parem de espernear – especialmente quando isso acontece num restaurante, supermercado ou shopping. Há, inclusive, uma pesquisa mostrando que o choramingar infantil é o som mais irritante que existe, superando o de uma serra elétrica. Esse estudo foi realizado pela Universidade do Estado de Nova York, em parceria com a Universidade Clark, ambas nos Estados Unidos.

  Para não deixar que seu filho se sinta no comando, achando que consegue tudo o que quer bastando que grite, chore sem parar e se jogue no chão, você precisa agir. E não é gritando também. Mantenha a calma e explique que esse recurso não vai adiantar. Tire-o do foco das outras pessoas e converse com ele.

- **APELAR PARA PEQUENAS INVERDADES:**
  Algumas ações são tão automáticas no dia a dia, que os pais não se dão conta de como podem influenciar o futuro dos próprios filhos. Cuidado ao contar que "a polícia vem prender" criança que não come direito! Também evite dizer mentirinhas a outros adultos. Por exemplo, desculpar-se ao telefone por faltar a um compromisso porque seu filho está doente, sendo que ele está na sua frente e bem saudável. Ele acaba percebendo a sua jogada e utiliza mais tarde o mesmo recurso ao "jurar" que fazia a lição de casa, mas jogava videogame. A verdade prepara e molda o adulto que você deseja que ele se torne.

- **CHANTAGEAR E BARGANHAR PARA SER OBEDECIDO:**
  Condicionar o comportamento é uma ferramenta frequentemente utilizada pelos pais. Quem nunca viu um pai oferecer presente em troca de o filho obedecer ou, ao contrário, ameaçar privá-lo de algo importante caso não faça algo que é pedido? No entanto, seria essa a melhor maneira de se ensinar o que é certo ou errado? Pior do que

isso só falar que vai fazer isso ou aquilo e não cumprir. Perde-se o moral e você não colabora para o amadurecimento do seu filho.

- **ASSOCIAR O TRABALHO A ALGO RUIM E SOFRIDO:**
Trabalho não é punição! Muitos pais, sem perceber, induzem os filhos a entender desde cedo o trabalho como algo negativo, sofrido, pesado. E quem foi que disse que precisa ser assim? Quando você faz aquilo de que gosta, transforma uma obrigação somente para gerar o sustento em uma atividade com propósito maior e prazerosa. Explique e mostre que exige bastante dedicação, mas é capaz de trazer grandes realizações para si, para sua família e para a sociedade.

- **GUIAR-SE SOMENTE PELA IMPULSIVIDADE:**
Agir sem pensar, sem se preparar ou calcular os riscos, sem um plano não leva ninguém a voos mais altos. Principalmente quando o assunto é educação, é preciso pensar e amadurecer as ideias, e não simplesmente tomar decisões sem fundamento e sem lógica. Sem contar que a maioria das decisões das quais os pais voltam atrás são as tomadas por impulso.

- **FICAR AMIGO DEMAIS E ESQUECER DE SER PAI:**
Você é o melhor amigo do seu filho? Ótimo, mas não se esqueça de cumprir seu papel como pai ou mãe e procure ser respeitado pela sua autoridade e experiência em primeiro lugar. E então seu filho confiará em você mais do que em qualquer outra pessoa. Muitos podem ser amigos dele. Mas a figura paterna e materna... ele somente a encontrará plenamente preenchida em vocês.

> **Se quer conhecer melhor seu filho,
> não escute só o que as pessoas falam dele.
> Preste atenção ao que ele faz, diz e quer.
> Conversem mais.**

# CAPÍTULO 9
## FERRAMENTAS PARA SUPERAR PROBLEMAS E SER UM BOM PAI

Ainda que seus filhos cresçam e alcancem – ou ultrapassem – a sua altura quando estiverem na adolescência, continuarão precisando da sua presença e mentoria. Pais de crianças mais velhas precisam lembrar de que elas ainda não são adultas.

O período de desenvolvimento tradicionalmente conhecido como adolescência dura cerca de dez anos – geralmente começa aos onze anos e vai até dezenove – e é considerado crítico para o desenvolvimento do cérebro. E tem mais: há uma nova orientação para psicólogos que vem causando muitas discussões, por sugerir que agora essa fase vai até os 25 anos.

Experts em neurociência justificam que, devido às mudanças na sociedade, o amadurecimento e desenvolvimento pleno do córtex pré-frontal do cérebro estão ocorrendo tardiamente, o que afeta seu julgamento em situações adversas e até sua autoimagem.

Os hormônios também são essenciais nessa evolução – e todos nós passamos por isso! –, provocando um turbilhão de emoções e alterações físicas que não desaparecem de uma hora para outra, só porque o garoto e a garota completaram 18 anos. É um processo, que vai se consolidando de maneira individual. Significa que cada filho, para quem tem vários, como eu, apresentará um ritmo próprio de desenvolvimento.

Como nenhum pai sadio deseja que seu filho tenha atitudes adolescentes e viva grudado à barra da sua calça aos 25 anos, é provável que concorde com o professor de Sociologia Frank Furedi, da Universidade de Kent, na Inglaterra. Ele pondera que a medida de prolongar a adolescência só deixa os jovens ainda mais infantis e dependentes.

Pelo que já contei neste livro sobre as iniciativas de meus três filhos, você deve imaginar que estou bem tranquilo de que é possível evitar essa consequência. A primeira coisa é ter em mente que, mesmo quando crescem e se transformam em adultos jovens, eles ainda estão em um período de desenvolvimento que afetará o resto de sua vida.

A segunda é continuar seu plano de prepará-los, não para ficarem confortáveis debaixo das suas asas, e sim para almejarem se lançar em voos promissores. Para isso, não deixe de ensinar autoconfiança. Digo e repito: os pais são fundamentais nos primeiros anos de desenvolvimento da autoconfiança; e durante a adolescência precisam continuar a construir com os filhos um futuro sobre as bases de valores e emoções positivas trabalhadas antes.

Dessa maneira, suas crianças serão mais propensas a fazer os próprios julgamentos sem temerem falhar, comunicando-se bem, resolvendo efetivamente problemas e tendo melhor autoestima, comparadas a outras que não aprenderam a confiar em si mesmas. A capacidade de um pai em orientar é fundamental na construção da confiança do seu filho, uma das coisas mais importantes que você é fará por eles.

## Os mais tímidos merecem apoio

Mesmo tendo autoconfiança, pode ser que alguma timidez floresça, especialmente quando seu filho entrar na adolescência. Pode ser só uma fase ou característica de personalidade que se evidencia nesse período em que é exposto a maiores desafios. Por exemplo, o de precisar apresentar trabalhos em grupo na sala de aula, o de "chegar" numa gatinha na balada teen ou de ter que passar por uma entrevista na segunda fase de um vestibular bem concorrido.

Filhos que apresentam inibição comportamental – por timidez e também por extrema cautela diante de novas situações – têm mais chances de desenvolver transtornos de ansiedade, de acordo com pesquisadores. E os pais que cruzam os braços podem piorar a situação.

A chave para ajudar crianças tímidas é não querer mudar sua natureza. Muito melhor é encarar como uma característica neutra – nem negativa nem positiva –, além de evitar ser superprotetor, expor o comportamento publicamente – "Esse meu filho é bicho do mato" – e fazer comparações com irmãos/primos extrovertidos.

Sem forçá-lo a fazer o que não quer, procure tirá-lo da zona de conforto. Por exemplo, inventando gravarem um vídeo com depoimentos de todos da família para mostrarem no aniversário do avô. Conforme seu filho vai crescendo, você pode explicar que há muitos líderes de sucesso que agem com discrição e ouvem mais do que falam.

Comunicar-se será sempre importante. Eu, que assisto a tantos *pitches* – quando empreendedores têm poucos minutos para apresentar seus projetos e obter investimentos – sei bem do que escrevo. Entretanto, percebo que os mais introvertidos encontram seu jeito, estilo de expressar o que importa. Tendem, inclusive, a ser objetivos e focados, a fazer menos "teatro" e se mostrarem mais preparados que os tão confiantes a ponto de parecerem improvisar.

## Tempo, esse luxo moderno

Os adultos tendem a pensar constantemente sobre o que enfrentarão lá na frente, mas as crianças – especialmente em idade pré-escolar (de 2 a 5 anos) – vivem o "aqui e agora". Para chegar ao nível de uma criança, os pais também precisam aprender a viver mais no momento em que estão.

Isso fica claro quando estamos na estrada e o filho pequeno pergunta a cada cinco minutos: "E agora, falta muito?" ou "Por que demora tanto?". Ele ainda não tem a noção de tempo. E tudo o que você não pode é ficar impaciente com isso.

Sugestão? Converse sobre o que estão vendo pela janela do carro naquele instante. Observar a natureza é algo que os adultos vão parando de fazer, e faz um bem danado para a criatividade, além de ser um remédio natural contra o estresse. E saiba que o desenvolvimento da linguagem – com o uso de pronomes, tempos verbais... – é essencial para que seu filho vá adquirindo essa noção da temporalidade.

Ainda sobre tempo, pais que administram mal as 24 horas do relógio, acabam dando respostas curtas e grossas aos filhos, ou nem ouve o que eles perguntam, mostrando que não dispõem de míseros minutos para eles. E essa geração, que já é mais imediatista por natureza, sente-se rejeitada ou procura ser apressada também para imitar seu ritmo.

Tempo é o luxo moderno, riqueza finita, e tanto pais precisam aprender como gerir melhor o seu quanto repassar isso aos filhos, no dia a dia. E a palavra-chave para fazer tantos sonhos e compromissos caberem em 24 horas é: escolhas.

## Por favor, com licença e obrigado

O valor de ensinar as crianças a dizer "por favor, "desculpe", "com licença" e "obrigado(a)" vai muito além de um gesto educado. Cumprimentar com um "bom dia" ou "boa tarde", então... Especialistas em comportamento ressaltam que significa investir em emoções melhores, em valores sociais e em reciprocidade.

Enquanto for muito pequena, uma criança não entenderá muito bem o valor do respeito mútuo contido nas palavras acima, mas captará a sensação boa que elas proporcionam nos outros que ouvem. Quando finalmente descobre o poder de ser bem atendida se pede coisas com "por favor" e conclui a ação agradecendo, o hábito já está incorporado.

Um excelente momento para treinar: ensinar que deve agradecer sempre que ganhar um presente. Nessa situação, o importante é mostrar ao seu filho que outra pessoa se importou com ele e, por isso, merece um agradecimento. O mesmo vale para quando recebe um elogio.

Mesmo que saia aquele "obrigado" meio atravessado, não dê bronca. O motivo está na sinceridade infantil, que todos nós tivemos um dia.

Claro, você deve também adicionar tais palavras ao seu próprio vocabulário atrelado aos seus atos. As crianças aprendem a interagir com os outros, principalmente observando como os pais fazem isso e depois modelam esse comportamento. Mais tarde, quando elas forem adultas, vão se destacar ainda mais como pessoas e profissionais por serem, além de competentes, gratas e bem educadas.

Importante: até por educação, não grite com elas quando forem adolescentes e desafiarem a sua autoridade. Lembre-se, as birras adolescentes têm a ver com os vários questionamentos que se fazem, a forte pressão do grupo, o estresse mental de receber tantos estímulos e informações e outras inquietações que eles enfrentam, sendo que ainda não estão prontos para processar totalmente.

Certa vez li que os adolescentes veem o conflito como um tipo de autoexpressão. E podem ter dificuldade para se concentrar em uma ideia abstrata ou para compreender o ponto de vista dos outros. Em tais situações, portanto, os pais devem ficar calmos e ouvir mais em vez de dar sermão.

Sabendo agora que não é uma afronta pessoal, não parta para a típica gritaria com insultos e xingamentos! Quanto mais você esbravejar com um adolescente, mais vai se distanciar dele. Aceite que choques de opiniões são previstos, conte até dez e tente algo como "Por favor, você pode falar mais baixo" ou "Eu agradeceria se você me contasse por que está tão nervoso. O que houve?".

## Sugestão vale mais que solução de bandeja

Antes de você entrar num problema de seu filho e resolver para ele, dê sugestões sobre como e onde buscar saídas e pergunte se pode ajudar. Muitos pais têm dificuldade de entender que eles estão crescendo e que há um afastamento natural. E isso não quer dizer desamor.

Hora de dar gradualmente mais liberdade de pensamento e ação, ficando apenas na coordenação. Mais ou menos como faz o técnico de futebol. Depois que passou as orientações, ele não pode entrar em campo e resolver a partida, mesmo que morra de vontade ao ponto de chutar o ar do lado de fora.

Escolha guiar seus filhos para encontrar uma solução por conta própria, pois precisam disso para a construção de sua identidade. Ao conseguirem achar a saída do labirinto, sentirão orgulho em si mesmos e terão desenvolvido habilidades de comunicação, criatividade e outras.

Podar demais não dá certo, mas envolver-se no dia a dia deles, sim. Eu sei que estamos todos muito ocupados, tocando várias atividades e estudando novas tecnologias e mercados. Mesmo assim, demonstre interesse pelos desafios que eles estão vivendo a cada ano, mês, dia, sem atravessar o sinal da individualidade.

E mais: respeite suas decisões, desde que não façam nada prejudicial a ninguém ou a eles próprios. Como treino, permita desde cedo que escolham as roupas que curtem e acham confortáveis, e por aí vai. Nada o impede de dar sugestões (pesa menos do que ordenar). Tipo "Você gostaria de tomar banho antes ou depois do jantar?", "Prefere ler um livro ou montar mais peças do quebra-cabeça antes de ir para cama?".

## Quebrando o ciclo vicioso das irritações

Os pais que expressam emoções negativas em relação ao seu bebê – irritando-se com seu choro ou com a atenção quase exclusiva que ele tem da mãe, por exemplo – ou que manifestam dificuldade de lidar com a paternidade provavelmente se encontrarão com crianças agressivas mais na frente.

É uma má notícia, porque a agressão comportamental aos 5 anos está ligada à agressão mais tarde na vida, incluindo com futuros parceiros românticos e de negócios.

Então, se você se encontrar no ciclo de comportar-se como um pai irritado, deixando o bebê irritado, ficando mais irritado e colaborando para um filho mais irritado ainda... procure um psicólogo para quebrar isso. Ou terá sérios problemas no longo prazo.

Muitas vezes a sua irritação é causada porque o casamento não vai bem, e isso não pode "ser empurrado com a barriga". Precisa de solução. Os pais que sofrem de instabilidade conjugal, contaminam a casa com energias negativas. E quando chegam ao ponto do divórcio, podem gerar nos filhos graves problemas ao longo de sua formação se usá-los como joguete, para chantagear ou causar sofrimento ao parceiro.

No lugar de se culpar tanto por não ter conseguido alcançar um casamento feliz, assim como por outros erros que cometa na vida, os pais podem ter mais autocompaixão ao lidar com suas dificuldades nos papéis de profissional, marido, filho, pai. E esse sentimento servirá de exemplo para as crianças também terem autocompaixão com as falhas próprias. Somos humanos, poxa! E todos, sem exceção, enfrentamos problemas.

Um bom jeito de baixar as irritações é desenvolvendo autobondade, assim como empatia com o sofrimento e as falhas dos outros, inclusive dos filhos. Reconhecendo que sempre podemos fazer melhor por nós e por aqueles que amamos; e nos comprometendo a resolver problema por problema, sem fugir das responsabilidades.

Em resumo, para educar bem, cuide antes da sua saúde mental. Mães ou pais estressados ou deprimidos, com estilos de parentalidade negativos, podem contribuir para que seus filhos desenvolvam problemas de ordem emocional e física – por exemplo, ficam mais vulneráveis a doenças e infecções, conforme alerta um estudo sobre psicologia escolar e educacional.[25] Entraram em casa? Que tal fazerem

---

[25] BARGAS, Joseana Azevedo; LIPP, Marilda Emmanuel Novaes. **Estresse e estilo parental materno no transtorno de déficit de atenção e hiperatividade.** Psicologia Escolar e Educacional, Maringá, v. 17, n. 2, p. 205-213, dez. 2013. Disponível em: http://www.scielo.br/scielo.php?script=sci_arttext&pid=S1413-85572013000200002&lng=en&nrm=iso. Acesso em: 06 mai. 2020.

alguma atividade prazerosa para ajudar a deixar vários problemas do lado de fora da porta?

O outro extremo, o de querer ser o pai perfeito, que não se irrita nunca com nada, também pode ser danoso. Ninguém é perfeito, então não se torture tentando ser. Por mais que a sociedade exija isso, faça um esforço para ignorar a pressão, e você pode se tornar um pai menos tenso e ansioso, mais amado e admirado.

> **Educar filhos é uma grande oportunidade que a vida nos concede de construir futuro. Por isso, troque a nostalgia do "Quando eu tinha a sua idade" e "No meu tempo era melhor" pelos incentivos "Agora é a sua vez de fazer melhor" e "Você é meu filho e é capaz".**

# PARTE 3
# ESTUDAR FICOU MUITO MAIS AMPLO

**N**esse processo de educação, as dúvidas mais simples são companhia constante dos pais. E não há uma fórmula única. O jeito é perguntar, ler, combinar com o próprio filho uma solução, buscar orientação na escola – mas sabendo que a decisão é sua.

Por exemplo, por eu trabalhar com investimentos e incentivar a autonomia dos filhos o mais cedo possível, é comum ouvir esta pergunta: "A partir de quando eles podem ter conta corrente em banco?". E não tem segredo. Meus filhos Theo e Davi abriram, na época, uma conta-estudante. Para Maria, por ser mais nova, abrimos uma conta-poupança.

Nessa conta-estudante, há limite para tudo, o que por si só é um aprendizado. E eu os orientei nas aplicações. O mais velho já deu mais um passo, fazendo também investimentos via corretoras de valores. Theo é superfocado, tem cabeça de financeiro e procura não aparecer. Toca três negócios, paralelamente à faculdade, que o sustentam.

Já o irmão é um vendedor e comunicador nato. Por ter ido a vários programas de TV como o *Fantástico* e o *Shark Tank Brasil*, para falar de empreendedorismo, é reconhecido por muita gente nas ruas, inclusive por famosos. **E olhe só como a missão de educar é colocada à prova nos momentos e situações mais surpreendentes**, e não somente dentro da sala de aula da escola!

Davi encontrou num restaurante norte-americano um esportista famoso, que foi muito gentil com ele. Tiraram uma foto, que Davi postou com uma legenda divertida, criando um meme. Por ter um engajamento incrível, o *post* viralizou, só que eu não tinha visto.

Até que o próprio esportista "puxou a orelha dele" como um pai, que ele é também. Um amigo me mandou a mensagem, e fui logo perguntar ao meu filho:

– *Davi, o que foi que você fez?*

– *Pô, pai, eu tô nervoso. Era só uma brincadeira. Eu gosto dele, admiro.*

Entendi que ele, empolgado com o crescente número de seguidores no Instagram, quis fazer graça para agradá-los. Agradeço ao esportista por ter dado, com muita classe, uma valiosa lição ao Davi sobre como cuidar da imagem. Mostrando que a máxima "Eu perco um amigo, mas não perco a piada" não cabe no mundo atual.

Eu reforcei com o Davi que deveria pedir desculpas.

– *Agora* – disse com autoridade de pai.

Quer ver como ficou o post do Davi?

davibraga

Estou colocando essa foto novamente porque cometi um erro ao postar a foto com o querido Rubinho e não o exaltar como o grande esportista que ele é. Perdi uma oportunidade de elogiar, agradecer e chamar atenção para o legado positivo que ele conquistou para o esporte brasileiro.

Rubinho me recebeu com toda simpatia do mundo, e eu perdi o *timing* por não usar adequadamente o carinho e o espaço que ele me deu.

O resultado foi que ele, todos os meus mentores, meus pais e vários seguidores também não gostaram da minha atitude (com razão). Um erro foi cometido, me desculpe por trazer para vocês num *post*, mesmo brincando, apenas com uma mentalidade negativa, pensando pequeno. Deixo aqui meu pedido público de desculpas aos meus seguidores e, claro, ao grande **@rubarrichello**.

Educar dá trabalho, abrange temas e situações que não estão nos livros pedagógicos... mas vale muito a pena. Dá orgulho ver os filhos crescendo e sabendo lidar com dinheiro e, principalmente, com pessoas. Nas próximas páginas, vamos tratar a educação por alguns ângulos que considero bem atuais e importantes.

# CAPÍTULO 10
## EDUCAÇÃO DOMÉSTICA

Sem dúvida, entro em assunto polêmico, com a certeza de que no mínimo merece espaço para apresentação e reflexão. O *homeschooling* – como é chamado em inglês o ensino doméstico ou domiciliar – é proibido em países como Alemanha e Suécia. No entanto, foi legalizado em vários outros, como Estados Unidos, Áustria, Bélgica, Canadá, Austrália, França, Noruega, Portugal, Rússia, Itália e Nova Zelândia. Na maioria dos casos, há exigência de uma avaliação anual dos alunos.

E no Brasil? Sabemos que é considerado crime de abandono intelectual, previsto no artigo 246 do Código Penal. Ocorre quando pai, mãe ou responsável deixa de garantir a educação primária de seu filho numa instituição formal.

O ensino doméstico ocorre sempre a partir da casa da criança, e os tutores ou professores são pessoas da própria família ou comunidade – via de regra, os próprios pais. Essa modalidade pode ou não ser apoiada por uma escola, que se incumbe de prover explicações aos pais-tutores e até um ambiente social para que o aluno passe algumas horas da semana com outros da mesma idade que estudam nela.

Há muitas dúvidas sobre como funciona o currículo. Esclareço que pode ser dirigido, sendo bastante semelhante ao seguido pelos colégios convencionais; pode ser mais livre, montado pelos pais-tutores; ou pode nem existir, permitindo à criança que aprenda conforme seus interesses de aprendizado.

Mesmo que essa modalidade ainda seja ilegal no Brasil, cada vez mais pais se unem à Associação Nacional de Educação Domiciliar (Aned) para obter o reconhecimento dos ensinamentos repassados aos filhos no lar. Levantamento dela feito em 2016, nos 26 estados brasileiros mais o Distrito Federal, revelou que 3.201 famílias adotaram esse modelo de educação.[26]

## E por que os pais se arriscam por esse caminho?

Há motivações de ordem econômica, religiosa, moral e filosófica, fora a preocupação de compensar a baixa qualidade de muitas instituições de ensino no país. Muitos defendem que o desenvolvimento da criança é melhor estando mais tempo em casa com a família. Outros alegam que a escola toma muito tempo do dia da criança, e o *homeschooling* possibilita que ela aprenda em espaços mais naturais, compatíveis com o que encontrará na sua vida adulta.

Importante ressaltar que não se trata de uma retaliação à escola, mas sim um modelo que depende da realidade de cada família, de sua estrutura e de seus objetivos. Os adeptos precisam ter bastante disciplina e rotinas estruturadas. Tem o horário de começar a estudar, as matérias de cada dia, a quantidade, as metas, o período destinado aos estudos. Além de atividades extracurriculares, também em horários fixos.

Para especialistas no tema, como a pós-doutora em Educação Maria Celi Vasconcelos, a educação domiciliar não prejudica a for-

---

[26] PRADO, Caroline de. **Educação domiciliar ganha força no Brasil e busca legalização.** Gazeta do Povo, Curitiba, 08 mai. 2016. Disponível em: https://www.gazetadopovo.com.br/educacao/educacao-domiciliar-ganha-forca-no-brasil-e-busca-legalizacao-7wvulatmkslazdhwncstr7tco/. Acesso em: 06 mai. 2020.

mação das crianças se for bem feita. A pesquisadora observou o ensino em diversas famílias e conduziu um estudo sobre a inserção de *homeschooling* na legislação educacional do Brasil e de Portugal.[27] Vasconcelos afirmou que as crianças que entrevistou em nada se diferenciavam das que frequentavam escolas.

Particularmente, acredito que um dos benefícios é o de respeitar o direito que os pais têm de educar seus filhos como quiserem. Não vejo problema nem restrição na educação domiciliar quando os pais têm disponibilidade e empenho para fazer esse trabalho. Se você chegou até aqui viu nos capítulos anteriores que, na minha opinião, o sistema educacional brasileiro é extremamente falho, por vários motivos que não cabe levantar aqui.

Embora existam as vantagens apontadas pelos entusiastas, o método suscita fortes críticas no Brasil e no mundo. Uma delas é a dificuldade real dos pais de conseguirem que os filhos alcancem a excelência necessária para serem bons profissionais no futuro. Outra característica apontada como desvantagem é a falta de sociabilização, de convivência com a diversidade de estilo, cultura, comunidade.

Além dos prós e contras, o fato de a legislação brasileira não tratar especificamente do *homeschooling* dá margem a diferentes interpretações. De acordo com a Constituição, a educação é dever do Estado e da família. Para a Lei de Diretrizes e Bases da Educação e para o Estatuto da Criança e do Adolescente, pais ou responsáveis têm obrigação de matricular os filhos nas escolas.

Além disso, o artigo 246 do Código Penal assegura que o comportamento divergente, sem justa causa, pode ser considerado crime de abandono intelectual, sendo a pena aplicada de detenção, de quinze dias a um mês, ou multa. Apesar das complicações, é possível interpretar o *homeschooling* como legal com base na Constituição e nos

---

[27] VASCONCELOS, Maria Celi Chaves. **Educação na casa: perspectivas de desescolarização ou liberdade de escolha?.** Pro-posições. v. 28, n. 2 (83), p. 122-140, mai/ago. 2017. Disponível em: https://www.scielo.br/pdf/pp/v28n2/0103-7307-pp-28-2-0122.pdf. Acesso em: 06 mai. 2020.

Tratados de Direitos Humanos. Mas, como o assunto é novidade, nem sempre os operadores jurídicos aceitam.

Concordo com a pesquisadora Maria Celi Vasconcelos quando diz que a regulamentação do *homeschooling* respeitaria a autonomia dos pais e possibilitaria a fiscalização do que é ensinado. Então, não consistiria simplesmente em tirar os filhos da escola e deixá-los em casa em tempo integral.

## Ensino pró-debate interessa mais

Enquanto não há aceitação jurídica, pais enfrentam processos e muitas vezes acabam pagando multas. E toco nesse assunto porque sou completamente a favor da liberdade e debates dos fatos e menos convicções políticas, antigas receitas e doutrina em sala de aula.

É claro que existem professores no Brasil com bom nível de conhecimento e *mindset* antenado com as novas necessidades da educação. Mas infelizmente ainda estamos longe de um modelo ensino que promova o debate, o empreendedorismo, o autoconhecimento, o ensino complementar e, principalmente, o interesse do aluno pelo estudo.

E sim, acredito que a educação doméstica – mesmo que complementando a tradicional – é fundamental para preparar os jovens para o mundo. Sabe por quê? Cada um tem a sua inteligência e seus talentos, e nem sempre a educação formal é capaz de identificar e desenvolver capacidades específicas.

Além disso, os próprios professores e coordenadores escolares estão fazendo um esforço enorme para se atualizarem, se reciclarem em meio a uma avalanche de informações e tecnologias novas que precisam absorver. Eles precisam urgentemente fazer conexões entre o que aprenderam no passado com as questões contemporâneas e transmitir tudo isso de uma forma mais interessante.

Só que essa capacitação desses profissionais não acontece da noite para o dia. E não dá tempo de seu filho esperar, concorda? Então, ele terá de buscar esses novos conhecimentos por conta própria, na internet para relacionar o que há nos livros didáticos clássicos de geografia com os impactos para o Brasil do desastre ocorrido na região mineira de Mariana, por exemplo, ou a pandemia instaurada pelo Coronavírus.

Desde a primeira infância nossas crianças são condicionadas e direcionadas a receber a educação formal, inclusive indo cada vez mais cedo para que os pais possam trabalhar fora. A pergunta "Quando vocês vão pôr numa escolinha?" é uma pressão social para que ninguém cogite fazer diferente.

Daí em diante, é natural que seu filho se interesse por determinadas áreas e aprendizados. Contudo, se esses interesses não forem compatíveis com o que os pais e a sociedade, de modo geral, esperam, provavelmente ele será desestimulado e tolhido. Por quê? Com qual fundamento se pode dizer que um acadêmico é mais inteligente do que um marceneiro ou um compositor?

Não quero polemizar, muito menos apontar as falhas – a meu ver – do atual sistema de educação tradicional. Estudar é importante, mas sem que os pais se limitem a deixar na escola e ir buscar. Vale a pena observar o que desperta a curiosidade do seu filho, seus talentos específicos, para estimular o desenvolvimento pleno das capacidades que cada um carrega dentro de si. Isso, sim, é dar poder à uma inteligência genuína.

Obter notas altas em testes e simulados na escola não quer dizer necessariamente que seu filho seja um "crânio". Ele apenas pode ser bom para responder um tipo específico de perguntas acadêmicas, consideradas pertinentes pelas pessoas que formularam as questões, e que provavelmente têm uma habilidade intelectual parecida com a dele.

Muitos pais não percebem que, até de maneira inconsciente, cobram resultados dos seus filhos estipulados pela sociedade, e que não necessariamente estão pautados pelas crenças e vontades deles mesmos. O problema é que atitudes assim, demasiadamente inconsequentes, vão influenciar diretamente o futuro dos seus filhos.

Quando um pai proíbe o filho de querer compor músicas ou criar móveis como profissão, alegando que "estudou nas melhores escolas para ser um doutor", como se ouvia no passado, no fundo está retirando a chance de que ele seja realmente muito bom em algo que lhe dá prazer e realização.

Os acadêmicos que dedicam sua vida aos estudos que o façam por escolha, não achando que investir em intelectualidade o transformará em alguém superior. Há muita inteligência e sabedoria dentro e fora dos ambientes educacionais formais.

Não são bem-sucedidos e inteligentes apenas médicos, advogados, engenheiros ou megaempresários. Acredito na diversidade de pontos de vista e de experiências, no poder das ideias, na liberdade de criação e de expressão, em parcerias promissoras na vida e no trabalho.

Nem tudo gira em torno do dinheiro. Mas, para aqueles que ainda precisam dessa motivação, um filho pode se tornar um advogado ou médico medíocre – quando forçado –, sendo que poderia ter sido um chef de cozinha estrelado, um empreendedor fera em inventar aplicativos revolucionários, um *youtuber* ou *instagrammer* – sim, duas novas profissões da era digital, e aceitar dói menos! – ou um mecânico referência de profissionalismo e que trata carros como gente.

Estamos falando de escolhas. Idealizo um futuro em que meus filhos e todos os outros possam escolher o que vão querer fazer da própria vida, sem tantas interferências ou condicionamentos sociais. Até quando vamos criar dificuldades e limitações para aqueles que só têm a contribuir com suas habilidades específicas? Seja ela qual for, não permita que elas sejam sufocadas ou que não passem de um sonho longínquo.

## As boas maneiras que um filho bem educado precisa saber

Já que estamos falando de educação doméstica, vale comentar sobre a importância de também dedicar tempo e energia para ensinar às crianças regras de boa convivência que são atemporais. Por exemplo, não interromper conversas o tempo todo, agradecer os presentes e respeitar os mais velhos. Fora ter "boas maneiras" como não por o dedo no nariz em público nem achar graça em arrotar…

Como não é conteúdo pedagógico, quem deve assumir tais ensinamentos: os pais ou os professores? É trabalho contínuo e conjunto, embora muitas famílias – por falta de paciência ou de tempo – queiram delegar essa tarefa inteiramente à escola.

Para escapar do "jogo de empurra", muito se fala hoje da necessidade de uma "parceria" na responsabilidade de transmitir valores e ensinar comportamento social. Funciona melhor quando você escolhe uma escola cujos princípios e critérios combinam com os seus.

Também não custa lembrar que educação é dever de todos e pode acontecer em todos os lugares. Boas maneiras aprendidas desde cedo vão facilitar a convivência do seu filho no futuro, que cada vez mais vai exigir traquejo social, colaboração com gentileza, trabalho em equipes intergeracionais… Também apuram o senso moral e a percepção de hierarquia, considerada em falta nos jovens talentos que chegam ao mercado de trabalho hoje.

Para que possa dizer "Eu faço a minha parte", seguem algumas regras que seu filho pode – e deve – saber por você e pelos professores que tiver:

**SABER COMPARTILHAR OS BRINQUEDOS:** Quanto menor a criança for, mais dificuldade terá de emprestar algo que é dela e de compreender que receberá de volta. Mas persista. Inicialmente pode propor trocas. Conviver com irmãos, primos e colegas de escola torna esse processo mais fácil. Esse aprendizado também é útil para outras coisas além de brinquedos, como dividir o chocolate ou o seu colo com o irmãozinho.

**SABER PEDIR DESCULPAS:** Não é forçar ou obrigar a dizer essa palavra tão importante. Essencial explicar o motivo, como "Bater no amiguinho machuca; e você não gostaria que ele fizesse isso com você". Além disso, pode reforçar que um pedido de desculpas vai fazer com que ele queira brincar de novo. À medida que a criança for compreendendo melhor o sentido de certo e errado, ela poderá refletir sobre sua explicação, que pode ser mais detalhada. E fique atento para não tornar o "sinto muito" banalizado, dito da boca para fora!

**SABER ESPERAR A SUA VEZ:** Enquanto é muito pequena comumente a criança interrompe a conversa dos adultos presencialmente ou por telefone – ou então, chora porque quer comer logo os biscoitos antes mesmo de os pais pagarem no caixa do mercado. Nessa fase egocêntrica, uma ideia é ocupá-la de alguma maneira – por exemplo, fazendo-a observar algo – e outra é abreviar seu papo ou a passagem das compras pelo caixa.

Conforme ela vai crescendo, praticar um esporte coletivo a ajudará a desenvolver essa paciência. Também é útil demorar uns minutos para dar o que seu filho pede. Esse pequeno intervalo de tempo serve como lembrete de que o mundo não gira em torno dele.

**SABER HÁBITOS DE HIGIENE:** Se fosse tão óbvio, não seria preciso que algumas cidades do mundo, incluindo São Paulo, aplicassem multa para quem faz xixi em via pública. E tantos postos de saúde e banheiros de restaurante não exibiriam avisos para ninguém esquecer de lavar as mãos. Dentro do processo acelerado de conhecimento que a criança vive, está a inserção dos hábitos básicos de higiene – como escovar os dentes – e a exploração do próprio corpo – o que a faz pôr o dedo no nariz, precisando aprender que se trata de um ato privado.

**SABER SE COMPORTAR NA CASA DOS OUTROS:** Desde cedo, é importante reforçar que seu filho não pode agir como se estivesse na casa dele. Precisa esperar que ofereçam um dos bombons da bomboniere, por exemplo, assim como não ficar interagindo no celular durante o jantar inteiro, ignorando a perguntas dos anfitriões.

Tampouco querer tocar o violão que achou no canto da sala etc. Não precisa recriminá-lo na frente de todo mundo, até porque os adultos costumam reagir com bom humor a esse tipo de cena. Vá reforçando com sua criança a atitude correta quando estiverem a sós.

**SABER RESPEITAR OS MAIS VELHOS:** Mais do que respeitar, valorizar a sabedoria dos mais velhos, é importante para que seu filho também a valorize ao longo da sua vida. Muitos adultos tratam com impaciência ou descaso os mais próximos, como os avós, sem pensar que as crianças estão observando tudo. Segundo o governo dos EUA, as crianças que interagem com idosos melhoram as habilidades de comunicação e autoestima e a capacidade de resolver problemas. Para os idosos, essa interação aumenta a socialização e o apoio emocional e melhora a saúde.

**SABER COMO AGIR NUM RESTAURANTE OU AVIÃO:** Cresce o número de restaurantes, casamentos, hotéis, pedindo ou proibindo que os adultos cheguem com crianças. Relatos circulam nas redes sociais com depoimentos de famílias que se sentem excluídas por não conseguirem entrar com os filhos em determinados estabelecimentos e eventos. Esse movimento tem nome: "*ChildFree*" (livre de crianças, em inglês).

A questão divide opiniões, e o que eu quero chamar atenção aqui é para que continuemos a fazer o que nossos pais fizeram conosco: ensinando que as refeições e as viagens devem ocorrer da maneira mais tranquila e agradável possível. Não há necessidade de gritar, fazer barulho para chamar a atenção. Todos podem conversar, brincar, respeitando a paz daqueles que estão em mesas ou assentos próximos. Simples assim.

> **Empreender é fazer diferente em qualquer trabalho. É um estilo de vida, uma cultura. E por que não passar isso de geração em geração?**

## Na minha casa funciona assim

Confesso que, para mim como pai, a parte mais complicada em relação à criação dos meus filhos está sendo a educação doméstica. Não é tão fácil quanto parece sentar à mesa, falar de como existem comportamentos adequados ou não, mostrar a importância da higiene e limpeza, postura etc. Sabe por quê? Pelo simples fato de que não é fácil repassar uma educação que você não recebeu. Falar ou mostrar algo que você não domina completamente é muito complicado.

Meus pais simplesmente cometeram o grave erro que a maioria dos pais comete em suas respectivas gerações, o de deixar a responsabilidade da educação das crianças a cargo dos professores e da escola. Aliás, essa ideia era muito difundida até poucos anos atrás, ainda bem que tive bons professores e sempre fui um autodidata. O que eu quero dizer é que a educação deve vir, sim, do berço! Não passamos a maior parte do nosso dia – e da nossa vida – na escola, mas sim em casa e, no início da nossa trajetória principalmente, com os nossos pais que são, sem dúvida, os nossos maiores influenciadores. Justamente por ter esse poder que os pais precisam preparar seus filhos para o mundo, porque estão com eles a todo o momento e porque os pais são o maior exemplo dos seus filhos.

Professores, orientadores e diretores das escolas não são pagos para ensinarem regras domésticas e de convívio social, mas sim para educá-los em relação ao conhecimento. A escola não tem como função e não tem nem estrutura necessária para preparar os alunos para a vida, o propósito das instituições de ensino é outro, engana-se quem pensa que não. Esse é o papel da família, dos pais que precisam se tornar os mentores que seus filhos poderão recorrer quando necessário.

Por conta da ausência desse ensinamento em casa, as crianças chegam às escolas malcriadas, o que complica ainda mais o aprendizado nesse sentido. Quando isso acontece, a própria questão da convivência com os demais alunos e professores fica abalada. Ninguém é obrigado a aturar má-criação de ninguém e é aí que as crianças começam a sentir as primeiras reações no mundo real. Se em casa o filho responde de maneira grosseira a seus pais, na escola ele não poderá agir da mesma forma com os amigos, professores e funcionários. Para quem realmente não recebe educação em casa, esse período de entendimento e transição pode ser bem doloroso, uma vez que, pela sua conduta e comportamento, ou as pessoas vão se afastar naturalmente ou revidar e ambas as hipóteses não são boas para qualquer pessoa, afinal quem quer viver sozinho ou arrumar confusão com todo mundo?

Bom, no meu caso, estou fazendo da seguinte maneira: a mãe deles, como de fato recebeu uma educação doméstica muito melhor do que a minha, procura implementar e corrigir em tempo integral modos, hábitos e postura dos nossos filhos. Por exemplo, como sentar à mesa, como pegar em um talher, comer de boca fechada e por aí vai. Já eu procuro passar para eles aquela velha máxima de que ao fazer alguma ação, você receberá alguma reação e, claro, vai ter de enfrentar as consequências, sejam elas positivas ou negativas. Com isso, levo a eles algumas sensações que fazem com que despertem para as obrigações espontâneas por conta das consequências para a vida deles.

Nossos filhos, principalmente quando ainda pequenos, precisam de exemplos dos pais! Nós podemos despertar neles a vontade de fazer e quem sabe até fazer melhor – assista ao vídeo com este exemplo ao final do capítulo.

Não estou falando de punição, porque dificilmente eu uso esse artifício. Eu faço isso para qualquer coisa, desde a importância e o que acontece com o uso das simples palavrinhas mágicas: com licença, por favor e obrigado, até praticar e prestar atenção para as ações e regras básicas de convivência, como: respeito ao próximo, respeito aos mais velhos e aos limites de quem convive com você.

Na prática, isso significa que os filhos precisam ter total consciência de que:

- **Se abriu alguma coisa, tem de fechar, porque pode estragar e quando precisar não vai ter mais.**

- Se acendeu a luz, tem de apagar, para economizar energia.
- Se ligou, tem de desligar para manter aquilo em perfeito estado.
- Se desarrumou, arrume para você ter sempre seu ambiente organizado.
- Se está usando algo, trate com carinho, porque vai querer usar novamente.
- Se quebrou, não esconda, tente consertar para não ter de comprar outro.
- Para usar o que não é seu, peça licença para manter o respeito. Evite pedir emprestado, mas se pediu, devolva no prazo combinado.
- Se não sabe como funciona, evite mexer.
- Nunca desperdice nada, principalmente se for de graça.
- Se não estiver participando da conversa, não se intrometa a não ser que seja chamado.
- Se não sabe fazer melhor, não critique.
- Não julgue ou tome partido sem ter certeza de todos os fatos.
- Se prometeu alguma coisa, cumpra, se não conseguir, avise antecipadamente.
- Se ofendeu ou machucou alguém, peça desculpa.
- Falou alguma coisa, assuma.
- Não sabe fazer, não tenha vergonha de dizer que não sabe.

> A criança não nasce sabendo quais são os limites de convivência, ética, respeito. Indispensavelmente, precisa receber orientações dos pais de maneira adequada a conseguir entender o que ela pode fazer e o que não pode, o que é direito dela e o que não é, o que é dever dela e onde começa o espaço do outro.

A ideia geral é que, apesar da importância da educação formal, características como flexibilidade, convivência, ética, maturidade e comunicação são fundamentais, mas não podem ser ensinadas na escola: a família deve ser responsável pelo ensinamento delas.

Como garante o *headhunter* Luiz Carlos Cabrera, professor de gestão de pessoas da Fundação Getúlio Vargas, em São Paulo, "Os grandes diferenciais hoje, atitude e caráter, são desenvolvidos desde a primeira infância. A escola pode até ajudar, mas a família é determinante". [28]

Note que, para que seu filho conviva socialmente com as demais pessoas, é preciso desde cedo estabelecer limites claros e exigir que seu filho os cumpra. Mostre a importância de respeitar regras, como horários e uso do uniforme escolar. Ensine-o a perceber os códigos sociais de cada situação, como adotar postura e roupa adequada ao ambiente e a desenvolver empatia pelas necessidades e valores das outras pessoas.

Os pais são os maiores exemplos dos seus filhos! Valores claros dentro de casa contribuem para consolidar atitudes éticas. Pais que não respeitam semáforo, jogam lixo pela janela do carro e desperdiçam água e energia não podem esperar que o filho tenha condutas corretas, diferente das suas.

Para desenvolver a maturidade e percepção dos filhos, converse com eles, peça opinião em relação à escolha do restaurante no domingo ou sobre a roupa adequada para se usar em um determinado evento. Outra dica, nesse sentido, é encarregar seu filho de ajudar nas tarefas domésticas e cobrá-lo por elas. Diante de pedidos fúteis, procure deixar clara a diferença entre querer e precisar.

Observe também sua postura como um todo, a maneira como seu filho se expressa diz muito sobre ele. Analise se ele usa muitas gírias e se consegue estabelecer uma linha de raciocínio lógica. Estimule a discussão sobre temas polêmicos e, principalmente, converse muito a respeito dos mais variados assuntos.

---

[28] J.L CARNEIRO. **Maçãs, ideias e conhecimento**. Disponível em: https://www.jlcarneiro.com/tag/educacao/page/11/. Acesso em: 11 jun. 2020.

É bom lembrar que aquilo que se aprende na infância fica por toda a vida, e o que não se aprende quando pequeno fica muito mais difícil de ser aprendido depois. Um erro comum dos pais é permitir que crianças façam tudo o que querem e, quando vão crescendo, chegando por volta dos 7/8 anos, esses iniciam uma cobrança repentina, chegando a bater nos filhos para corrigi-los – como se fosse resolver usar a violência. Se tivessem ensinado boas maneiras desde bem pequeninos, isso não aconteceria, não precisariam chegar a tal extremo.

Então, a dica é: eduque seus filhos ensinando-lhes as regras básicas de educação, de boas maneiras e de boa convivência, pois a vida exige esses conceitos e quem não os tem encontra mais dificuldades no meio social.

Os pais são verdadeiros espelhos para seus filhos. Talvez nem nós mesmos nos damos conta do quanto palavras, gestos e atitudes podem influenciar a vida deles. O papel dos pais é dar condições para que eles sigam o próprio caminho e façam as próprias descobertas.

### SOBRE COELHOS E CAMINHÕES
### REFRAÇÕES DE UM EDUCADOR

**Reproduzo a seguir (e sob permissão) o relato do pai e professor André Luís, que, assim como milhares de pais espalhados pelo mundo, foram "obrigados" a repensar algumas práticas e a se reinventar para ajudar seus filhos no processo de aprendizagem e a passarem pelo isolamento social provocado pela Covid-19 da maneira mais proveitosa possível. Leia o relato e os ensinamentos desse pai:**

*A escola do meu filho falou: ele terá aulas virtuais todos os dias durante o período de isolamento.*

*Minha esposa e eu somos professores, estamos muito cansados, principalmente porque minha esposa está dando aulas virtuais para grupos de quinze a vinte crianças conectadas por microfone e web-*

cam. Enquanto ela passa a tarde pedindo que os alunos desliguem seus microfones, pedindo silêncio para falar, pedindo para os alunos terem paciência para ela repetir o conceito que está ensinando, eu fico do lado de fora com nossos dois filhos pensando que está tudo errado.

Eu não aguentei isso tudo e decidimos fazer um trabalho diferenciado com nossos filhos. Comecei a trabalhar com Projeto de Pesquisa, algo que aprendi com meu amigo José Pacheco.

— Mas, André, seus filhos têm 5 e 7 anos! Sua filha nem sabe ler e escrever!

Abri uma conta de e-mail para meu filho e para minha filha. Criamos contas familiares com controle parental usando o Google Family Link. Criamos uma sala de aula no Google Classroom (ótima ferramenta para o estudante criar uma portfólio de pesquisa) e nos inserimos como professores e nossos filhos como alunos.

Criei uma primeira atividade chamada Projeto de Pesquisa #1 e montei uma ficha de preenchimento.

**Dia 22 de abril**
Meu filho entrou no Google Classroom e começou a preencher a ficha...

— O que você quer aprender?
— Como o Thor ganhou o martelo.

Minha esposa olhou para mim desconfiada.

— André, e aí? Isso vai ser útil de que forma? Super-herói da Marvel!

— Calma... Ele precisa partir de algo que desperte o interesse e a curiosidade dele! Não é o que eu quero ensinar. É o que ele quer aprender agora. Ele vai aprender a aprender. Eu não vou ensinar nada.

Meu filho seguiu preenchendo a ficha – eu estava ao lado dele acompanhando o processo.

— Por que você quer aprender isso?
— É que eu sempre quis saber.

*Fantástico como a criança é simples, direta e prática.*

— O que você vai fazer com esse conhecimento depois?

— Nada, eu só quero aprender mesmo.

*Como esse primeiro momento é para ele ter contato com o processo, não fiz nenhuma intervenção neste ponto. Ele quer matar a curiosidade. Ok! Ser curioso é muito bom! Minha esposa me olhava desconfiada e eu não tinha a menor ideia de onde isso acabaria, mas como o José Pacheco diz, o papel do professor é gerir a imprevisibilidade.*

— Que pessoas podem ajudar você a aprender sobre isso?

— Meu tio-avô.

— Por que ele pode ajudar?

— Ele sabe muito sobre heróis.

*Em seguida, ele preencheu um cronograma informando o dia da semana, a hora e a atividade que ele faria. Eram duas atividades: ligar para o tio-avô e assistir ao filme Thor.*

*Ele enviou uma mensagem via WhatsApp para o tio-avô perguntando como o Thor ganhou o martelo. Minutos depois, recebeu uma resposta dizendo que o pai do Thor, Odin, deu a ele o martelo Mjolnir. Meu filho foi até a ficha de projeto e preencheu lá onde dizia "Anote aqui tudo o que você aprendeu com essa pesquisa".*

*Mais tarde, fomos assistir ao filme juntos. Para surpresa dele, Thor já aparece com o martelo Mjolnir nas mãos desde a primeira cena. Meu filho percebeu que não conseguiria a resposta que queria. Assistimos ao filme até o final e enquanto passava, eu fazia algumas perguntas para ele e ele fazia algumas perguntas para mim. Nós parávamos o filme, ele sentava na frente do computador e anotava a pergunta no espaço "O que você precisa pesquisar ainda?".*

*Após o filme, as seguintes perguntas estavam lá:*

- *Como o Mjolnir foi feito?*
- *De qual língua vem o nome Mjolnir?*
- *Qual herói tem relação com radiação gama?*
- *Quem criou o herói Thor?*

- Quem eram os vikings?
- Quais ferramenta a S.H.I.E.L.D. usa para analisar o Mjolnir?
- Quais são os Nove Reinos?

Meu filho foi dormir e eu fui trabalhar como tutor dele. Abri o Google Classroom, peguei o trabalho dele e fui indicando alguns sites para ele encontrar as respostas que buscava.

Meu filho não sabe usar o Google e não entende ainda como funciona a pesquisa on-line, por isso eu ainda preciso dar essa ajuda.

**Dia 23 de Abril**
*Meu filho abriu o Google Classroom e eu mostrei a ele o que eu tinha escrito no trabalho dele. Lá foi ele atrás do primeiro site. Abriu e começou a ler. Eu estava na cozinha e vi que ele estava lendo o texto inteiro, mas as informações sobre o Mjolnir estavam no primeiro e segundo parágrafo. Falei para ele:*

— Filho, não precisa ler todo o texto. Você pode ler apenas a parte que interessa para responder sobre sua pergunta.

— Mas eu quero ler tudo, pai! Está interessante!

*Após a leitura, perguntei:*

— E ai, filho, o que você aprendeu com esse texto?

— Aprendi que o Odin lutou contra o Deus Tempestade e prendeu ele em um metal chamado Uru. Depois ele pegou esse Uru, entregou para o anões e pediu para eles fazerem um martelo. Esse martelo se chama Mjolnir. Por isso que o Thor tem poder de trovão, porque o Mjolnir tem um deus das tormentas dentro dele.

— Ok, filho, agora você pode anotar isso ali na sua ficha.

*Lá foi ele escrever. Depois que terminou, ele me perguntou:*

— Pai, quantos Mjolnir existem?

— Por que você está me perguntando isso?

— Por que eu vi naquele texto uma imagem que mostrava vários heróis usando Mjolnir.

— Por que você não anota essa pergunta na sua ficha para pesquisar depois?

— Boa ideia!

*Em seguida, ele foi para o segundo site, em busca da origem da palavra Mjolnir. Na Wikipédia, ele descobriu que Mjolnir se escreve de várias maneiras diferentes e que o nome significa "aquele que esmaga". Também descobriu que o Mjolnir tem relação com a mitologia escandinava.*

— Filho, o que é mitologia?

— São as lendas, as histórias.

— O que é Escandinávia?

— Não sei.

— Por que você não clica ali onde está escrito "mitologia escandinava" e vê o que vai dar?

*Ele clicou e descobriu que a Escandinávia não é um país, mas uma região formada por países: Noruega, Suécia e Dinamarca.*

— Mas onde fica isso? — perguntei.

— Não sei.

— Vamos olhar o mapa na parede do seu quarto?

— Vamos!

*Ele se colocou na frente do mapa e procurou os três países. Eu mostrei a ele onde ficava a Europa. Ele os encontrou e ficou contente.*

— Mas qual é a língua que eles falam nesses países? – ele perguntou

— Escreve aí no Google: idioma Dinamarca.

— Dinamarquês! Então o outro deve ser norueguês e suecês, sueci... Suec...

— Digita aí: idioma Suécia.

— Sueco!

— Então, filho, o que você aprendeu?

— Mjolnir é uma palavra que pode ser escrita de várias maneiras. Ele tem a ver com a Escandinávia. Cada país escreve de um jeito: um sueco, um norueguês e um din... din... dinamarquês. Ah, descobri que Mjolnir significa "aquele que esmaga".

— Ótimo, filho. Anota lá na sua ficha de pesquisa.

*Paramos neste ponto. Incrível ver a criança aprendendo no ritmo dela, na profundidade que ela quer, segundo a curiosidade dela. Assim deveriam ser as escolas. De uma pergunta simples sobre um super-herói ele foi parar na origem de palavras de outro idioma, no entendimento de mitologia, geografia, história e nem sei onde ele vai parar. Quando ele se der por satisfeito com essa pesquisa, irá parar e faremos uma avaliação de tudo o que ele aprendeu. Depois, começaremos uma nova pesquisa.*

*Não me esqueci da minha filha, não. Ela também está vivenciando a mesma coisa, mas do jeito e no ritmo dela. Como ela não sabe escrever, eu fui perguntando a ela o que estava na ficha de pesquisa e ela foi respondendo.*

— O que você quer aprender?

— Quero aprender a escrever.

— Por que você quer aprender isso?

— Eu acho legal. Quando uma pessoa pedir para eu escrever, eu posso.

— O que você vai fazer com esse conhecimento depois?

— Quero escrever uma mensagem de amor para o meu amigo P.C.

*Nada como ter um objetivo concreto para motivar o aprendizado!*

*Entrei em contato com um especialista em alfabetização, José Pacheco, e ele me deu uma dica para começar a brincar com minha filha. Perguntei a ela em quais objetos da casa ela queria colocar o nome. Fomos escrevendo cada palavra em papel pequeno e ela foi colando pela casa. No dia seguinte, tirei três papéis e pedi para ela colocar de volta. Ela olhou para o primeiro papel, olhou para mim e disse:*

— Não sei ler, papai.

— Mas você tem o alfabeto colado ali na parede da sala. Vamos lá olhar?

— SIM!

Ela identificou a primeira letra, e colocou o dedinho sobre ela. Eu comecei a cantar A, B, C, D, E, F, G... Quando paramos na letra, ela fez o som da letra. Depois olhou a segunda letra, juntou as duas, correu e colou o papel no lugar certo. Assim ela já acertou seis palavras.

Educação é algo lindo demais! Infelizmente, ainda existem pessoas que acham que o professor não é importante na educação. Pelo contrário! O professor como orientador ou tutor do aluno é importantíssimo, como ficou claro neste relato, mas não é dando aula. O professor precisa instigar a curiosidade! Precisa fomentar o desejo de aprender.

Contudo, as escolas insistem em deixar os professores sozinhos em sala, com mais de vinte alunos, sem livros ou internet. Como mostrar aos alunos do século XXI como se aprende no século XXI? O que resta aos professores é dar aula e mais aula...

O resultado está aí. Os adultos batendo cabeça porque não sabem usar tecnologia, os professores achando que precisam criar conteúdo como se fossem youtubers, gastando tempo e energia, com pouca eficiência e baixa autonomia dos alunos.

Tomara que esse vírus imploda a educação do século XIX que ainda existe.

(Leia o que eu postei sobre a repercussão deste post no link https://www.facebook.com/prof.andreluiscorrea/posts/277607339907476)

**André Luís Salgado Alves Corrêa**

# CAPÍTULO 11
## EDUCAÇÃO FINANCEIRA

**D**esenvolver as habilidades de proteger, poupar, acumular e administrar melhor o dinheiro no dia a dia é o "chapéu mestre" para que seus filhos sejam bem-sucedidos, mas não basta. Apesar de alguns especialistas conceitualmente usarem os dois termos (inteligência e educação financeira) para dizer a mesma coisa, meu objetivo aqui é aprofundar ainda mais o tema.

A educação financeira visa colaborar com as suas decisões, e poupança e de investimentos, com a adoção de um consumo consciente (e o desapego do consumismo sem objetivo) e a prevenção de situações de fraude.

É comum os consultores financeiros recorrerem à fábula da Formiga e da Cigarra, que conhecemos desde a nossa infância. Ela traduz muito bem o dilema entre aproveitar a vida, o dia de hoje, ou conter as tentações de diversão e descanso para colhermos um futuro mais tranquilo lá na frente.

Como a juventude atual não é chegada a fazer grandes sacrifícios, é bom que você fique atento para evitar que seu filho cometa estes erros comuns, especialmente na adolescência, e que vão afetar a vida financeira deles no futuro – sabendo que um excelente antídoto para todos é desenvolver nele uma cultura empreendedora:

**COMEÇA E DESISTE NO MEIO:** Seu filho ficou pedindo tanto para matriculá-lo na natação ou no curso de programação – e agora não quer ir. Desiste do estágio só porque tomou uma bronca do chefe. Incentive-o a escolher um caminho com mais consciência e perseverar, sem esperar que tudo seja lindo, fácil e nem espere soluções rápidas ou milagrosas. Ensine-o a raciocinar, ponderar as perdas e ganhos – inclusive de energia e dinheiro.

**Se ele tiver postura empreendedora...** vai ser perseverante por ter OBJETIVO claro.

**É ATRAPALHADO COM DINHEIRO:** Seu filho coloca notas altas no bolso, vai para a balada e perde. Apresenta faturas pesadas no cartão de crédito e não parece saber ao certo quanto gasta por mês. Para treiná-lo a organizar a vida financeira, fale na língua dele sugerindo que explore algum recurso virtual do próprio banco, dos aplicativos... Eu recomendo o gerenciador financeiro do Minhas Economias, uma planilha de gastos bem completa, com aplicativos para Android/iPhone e 100% gratuita.

**Se ele tiver postura empreendedora...** vai tratar o dinheiro de maneira mais responsável por ter uma ESTRATÉGIA.

**FICA ANSIOSO PARA TER ALGO:** Controlar a ansiedade na hora de trocar o aparelho de celular ou realizar outro gasto é outro aprendizado importante. Ele recebe o estímulo da mídia, vê o amigo exibindo o aparelho que acabou de chegar ao mercado... Claro, a gente deseja ter tudo do bom e do melhor, mas é necessário priorizar, planejar uma aquisição cara e, muitas vezes, se perguntar "Quero mesmo comprar isso?" ou "Preciso disso agora, ou pode esperar?". Como pai, ensine-o a sempre focar no seus principais objetivos, de modo que nunca falte dinheiro para eles.

**Se ele tiver postura empreendedora...** vai segurar mais a ansiedade por ter um PLANO.

**SOFRE QUANDO NÃO ATENDE DESEJOS IMEDIATOS:** Digamos que seu filho queira muito embarcar na viagem de formatura do ensino médio para Cancún. Destino internacional com muitas festas, passeios e... gastos em dólares. Nada mais natural que você peça para economizar com pequenas despesas nos meses anteriores. Só que ele sofre com isso, faz drama...

— Ah, mas eu vou ficar três meses sem ir ao cinema?

— *É uma boa ideia.* — Responda, simplesmente. Quando finalmente chegar a semana da viagem, ele perceberá que valeu a pena economizar de pouquinho, para atingir um resultado maior.

**Se ele tiver postura empreendedora...** vai preferir batalhar por um SONHO maior.

## Priorizar, categorizar, escapar do "cobertor curto"

Educação financeira é uma ferramenta importante para a realização dos sonhos dele. E é impressionante como as pessoas sabem quanto ganham (tanto que sempre reclamam que é pouco!), mas geralmente não têm uma ideia concreta de quanto gastam – sobretudo com o que gastam.

Por consequência, também não informam os filhos sobre quanto ganham e gastam mensalmente. Um colégio particular, localizado num bairro nobre da zona sul de São Paulo, fez o teste: perguntou aos alunos do segundo ano do ensino médio se sabiam quanto seus gastos representavam no orçamento familiar, quanto eles imaginavam que custaria sua faculdade e quem provavelmente pagaria. A resposta campeã para as questões foi "não sei".

Como lição de casa, o coordenador do ensino médio dessa escola pediu que cada aluno montasse uma planilha de seus gastos mensais dentro e fora da casa, incluindo a sua parcela de consumo na conta de luz. E mostrou o teste com os resultados numa reunião de pais, incentivando-os a continuar dando educação financeira dentro de casa.

O benefício é para a família toda, e não só para esses alunos. Sem controlar saídas e entradas, e o meio de pagamento utilizado – dinheiro ou cartão –, fica muito mais difícil planejar o futuro. Feita a planilha, hora de ajustar a balança de ganhos e gastos definindo prioridades.

Naquele exemplo que eu dei, a prioridade era viajar para Cancún ou ir ao cinema semanalmente? Além disso, agrupar em categorias – educação, alimentação, transporte, lazer etc. – facilita a visualização do que dá para "enxugar" e do que não. O ideal é decidir qual o limite de gastos para cada categoria, como faz o governo – mal, mas faz.

Para evitar o tal do "cobertor curto", naquelas despesas que se mostram superiores às receitas, você tem três opções:

1. **ENGORDAR A CONTA BANCÁRIA** arrumando alguma renda extra (empreendendo na paralela do emprego, por exemplo);
2. **CORTAR GASTOS, FAZENDO A PERGUNTA** "Precisamos mesmo disso no momento? e "Quais trocas podemos fazer e que serão mais econômicas?". Vale desde substituir lâmpadas comuns pelas do tipo Led até trocar a viagem anual ao exterior pelo aluguel de um chalé próximo pelo Airbnb;
3. **TODAS AS ALTERNATIVAS ANTERIORES.** Fazer as duas coisas – aumentar as receitas em conjunto com reduzir despesas – é o melhor a fazer. Dói em qualquer pessoa, não importando se tem 15 anos ou 40, mas trata-se de fazer escolhas. Pequenos sacrifícios hoje podem se transformar em grandes alegrias, bastando que existam objetivos e planos concretos. Ou seja, motivação é ingrediente básico em qualquer receita de educação financeira.

## Consumismo é atraso de vida

Determinar prioridades e saber dizer não quando você deseja comprar algo, mas entende não ser o melhor momento, é o maior sinal de maturidade e controle financeiro. Para o bem do seu filho, comece a fazer isso desde cedo. Não dê tudo que ele pede de maneira desenfreada porque essa atitude só irá deixá-lo cada vez mais consumista e fútil.

Dinheiro não é só cálculo, razão. Mexe com as emoções. Tanto que o prêmio Nobel de Economia em 2017 foi dado a Richard H. Thale, um norte-americano que uniu economia com psicologia. Sendo esse equilíbrio uma medida individual, alguns vão se sentir melhor gastando bem pouco, porque já tendem a poupar. Outros precisarão batalhar mais.

Geralmente estão nesse segundo grupo os que adoram as palavras "liquidação" e sua versão em inglês "*sale*", além da *Black Friday* – especialmente no Brasil. São termos perigosos por aflorarem o sentimento de "não posso perder" e a falsa ideia de que estamos fazendo um bom negócio automaticamente – "está barato?!?".

Daí, os conselhos básicos dos especialistas de estipular um gasto máximo antes de puxar o cartão de crédito. Ou criar uma regra de só clicar nas ofertas que ficam piscando na internet uma noite por semana. Explique isso ao seu filho, reconhecendo que é como Davi versus Golias.

Felizmente, as últimas pesquisas com jovens têm mostrado que eles continuam consumindo bastante, mas vêm transitando de um consumismo desenfreado com o intuito de autoafirmação para um consumo mais consciente, que valoriza o compartilhamento – vide os aplicativos de carona e de aluguel de bens ociosos – e o meio ambiente – preferindo comprar roupas de marcas que não utilizam trabalho escravo, por exemplo, produtos de beleza que não agridem a natureza e alimentos orgânicos.

Tão importante quanto tudo que foi dito, a melhor maneira de estimular seu filho a controlar o consumismo é mostrar que não está perdendo nada ao preferir investir o dinheiro dele a longo prazo a desfilar de celular novo todos os anos. É a máxima de quem ri por último ri melhor.

Fazendo uma conta simplista, mas que pode clarear o pensamento dele, mostre que, ao investir R$ 250,00 por mês a uma taxa de juros de 0,5% ao mês, em cinco anos ele obterá cerca de R$ 18 mil. Em uma década, vai superar os R$ 40 mil.

## Verdades sobre investimentos que você precisa saber

Para que você ensine seu filho a investir desde cedo, a pergunta que eu faço é: você já faz isso com o próprio dinheiro? Quanto antes começar a investir, melhor será. Mas nunca é tarde. O que mais importa é ter regularidade.

Outro fator relevante é a taxa de retorno de seu investimento. Obviamente, quanto maior, melhor. Só que, como já disse, essa atratividade "anda de mãos dadas" com riscos elevados. Por isso, sugiro que esteja inteirado e domine no mínimo os conhecimentos básicos da Educação Financeira.

**Ter dívidas não é necessariamente algo ruim, desde que tenhamos condições de pagá-las.** Nas palavras do empresário bem-sucedido Geraldo Rufino – que trabalhou no lixão aos 9 anos e "quebrou" financeiramente umas seis vezes –, pode-se perder o crédito, mas nunca a credibilidade perante bancos e outros credores.

Para muitos, possuir uma casa ou um bom automóvel e abrir um pequeno negócio só se torna possível com financiamento. O que devemos fazer, quando necessitamos nos endividar, é pesquisar por financiamentos com juros mais baixos e parcelas que não comprometam tanto a renda familiar mensal.

Com disciplina e tomando as decisões financeiras corretas, a aposentadoria pode chegar antes do que se imagina. Embora não seja algo fácil, é bastante possível. Em compensação, se você contar apenas com recursos do INSS ou de um fundo de pensão, há grandes chances de acabar curtindo a vida apenas ao final dela.

Só que imprevistos fazem parte da vida, certo? Sendo assim, repito que contratar seguros é extremamente importante para preservar nossa qualidade de vida. Podemos encontrar seguros para quase tudo: para nossos bens (carro, casa, celular etc.), para nosso bem-estar (de saúde, de vida, de viagem, contra invalidez ou doenças etc.), entre outros.

Um dos livros mais famosos que trata de maneira sistemática este assunto é o *Pai rico, pai pobre*. O autor, Robert Kiyosaki, que pude conhecer em 2017, quando veio ao Brasil, auxilia pais a pensarem na liberdade, na gestão e na independência financeira da família de uma maneira muito prática e aplicável.

Um dos ensinamentos simples que mais me agrada é o que Robert chama da "corrida de ratos". Resumindo, seria você gastar mais do que ganha e rapidamente – assim que recebe o dinheiro, torra logo com prazeres e luxos; acaba endividado – nas palavras dele:

> *Seus hábitos de compra os levam a buscar mais renda. Eles nem sabem que o problema está na forma que escolheram para gastar o dinheiro que têm. São provocados por seu analfabetismo financeiro e por não entenderem a diferença entre um ativo e um passivo. Raramente os problemas de dinheiro das pessoas são resolvidos com mais dinheiro. A inteligência resolve os problemas.*

Muitas pessoas têm dificuldade de entender essa regra básica de sobrevivência, que é gastar menos do que ganha. Quero alertar que esse comportamento vai além da Educação Financeira, chamando sua atenção para as questões da perspectiva e do padrão de vida.

Para muitos, aquilo que ganham é o suficiente para se manterem, se divertirem e pouparem. Outros precisariam de duas vezes mais a sua renda para continuar mantendo o que acham importante ter, mostrar e fazer. Quantas pessoas se apresentam de uma forma que não podem bancar, pretendendo ser socialmente iguais ou melhores que seus pares. Péssimo exemplo para os jovens.

Outro dia li um texto do *coach* norte-americano Tony Robbins que dizia que somos como uma "máquina de fazer dinheiro". Se você parar de trabalhar, a máquina para, o fluxo de caixa para, sua renda para, ou seja, você recebe de volta apenas o que colocar nela.

Mas a questão principal é: sua máquina não pode somente continuar trabalhando. O segredo é fazê-la trabalhar melhor, dar mais resultado, e isso depende de você tomar a decisão financeira mais importante da sua vida, depois de se fazer estas três perguntas:

- **Qual parte do que você ganha você vai usar para se manter?**
- **Quanto você vai reservar?**
- **Quanto você vai usar para pagar gastos extras?**

Transforme todas essas respostas em percentual e tente seguir isso. Essa ideia, simples e básica, passa por fazer um orçamento das despesas, avaliando o que é necessário mesmo e o que é dispensável, adiável ou supérfluo.

Agora... se as suas necessidades forem maiores do que você ganha, trate de reduzir rapidamente o seu padrão de vida. Do contrário, deverá trabalhar mais só para rolar e pagar juros bancários ou do cartão de crédito. Não adianta, por exemplo, ganhar R$ 2 mil e gastar o dobro para bancar seu carro, casa, idas a restaurantes, viagens, roupas de grife, consumo de banda larga; e por aí vai.

Acredite, o padrão de vida é uma questão de costume. Você vai se acostumar rapidamente ao enquadramento do seu orçamento, bastando começar. Ahh, lembre-se que *show off* (aparecer, ostentar!) não é investimento!

Isso não quer dizer que você vai deixar de fazer todas as coisas que dão prazer e passar com sua família a "pão e água". Apenas deve deixar de fazer algumas coisas só para se mostrar bem-sucedido e feliz nas redes sociais, mas que não farão falta na sua vida.

Por exemplo: por que morar em um lugar que não se encaixa no seu orçamento? Por que ter um carro cujo IPVA e seguro pesam tanto no seu bolso? Por que ir a restaurantes tão caros, cuja conta para uma família jantar quase supera o que um garçom ganha num mês, se o próprio Ferran Adrià, um dos chefs de cozinha mais estrelados do mundo, disse em visita ao Brasil, em janeiro de 2018, que os restaurantes voltados ao futuro imediato são informais, baratos e criativos?

Não adianta viver só para trabalhar, e sei que não podemos abrir mão de todos os pequenos prazeres – de novo, priorize. Porém, como disse, o mais importante não é quanto você ganha, mas COMO administra os seus recursos.

Uma boa notícia é que os valores estão mudando, como mostra Adrià. A sociedade e o ecossistema empreendedor já se movimentam para dar cada vez mais valor ao capital intangível – aí incluímos as experiências. Palavras como colaboração, compartilhamento e reciprocidade são moedas muito mais valiosas do que em décadas passadas. A sua postura fala muito sobre você e ensina demais aos seus filhos sobre – tomara! – como lidar com dinheiro.

## Mesada não!

Qual é a sua justificativa para dar – ou não – mesada a seu filho? Seus motivos estão claros na sua cabeça? E ele... como reage à sua posição? Geralmente os pais repassam o que viveram. Observe que quem nunca ganhou mesada na vida, provavelmente não dará a seus filhos. Vai preferir ensiná-lo como conseguir, porque foi assim com ele.

Se saber lidar com dinheiro não é tarefa fácil nem para os adultos, como discutimos, imagine só para uma criança! Até que a gente compreenda quais são os limites e as necessidades reais, a caminhada é longa...

Infelizmente, sabemos – ou conhecemos um caso assim – que existem pais que deixam os filhos tomarem as rédeas, mandarem nos adultos. Não é normal. Nunca devemos nos conformar com essa inversão de papéis justificando que são "os filhos de hoje".

É extremamente prejudicial para os dois lados quando, quem deveria exercer autonomia e controle, resolve mimar – talvez para aliviar a culpa da sua ausência constante – e tornar-se refém voluntariamente do autoritarismo das escolhas e vontades. Pense só comigo: em uma situação dessas, qual referência esses filhos terão dos pais?

O escritor Gustavo Cerbasi, em seu livro *Pais inteligentes enriquecem seus filhos*, recomendava a mesada como um artifício para se abordar as questões do dinheiro, visando praticar a educação financeira. Porém, no prefácio do meu livro *Educando filhos para empreender*, ressaltou uma alternativa melhor ainda:

> *João Kepler não pratica a mesada com seus filhos nem recomenda o uso do instrumento... sem dúvida alguma, educar filhos para empreenderem é um avanço incrível nessa proposta, mesmo que a mesada esteja ausente.*

Gustavo e eu concordamos que o papel da mesada é ter meramente um motivo para pais e filhos conversarem sobre dinheiro. Só que, conforme o escritor completou no prefácio...

> *Quando se trata de uma educação empreendedora, esse motivo extrapola a questão financeira: pais e filhos passam a ter motivos para conversar sobre finanças, estratégia, marketing, frustrações e planos mais ambiciosos. Ou seja, trata-se de uma evolução no modelo proposto para a educação financeira.*

Todas as decisões de dinheiro, e não só esse quesito, que tomo como pai são pautadas por muitas análises e reflexões. Não costumo fazer nada dentro de casa baseado no meu "achismo" pura e simplesmente. Tenho lido bastante a respeito e, infelizmente, constato que a maioria dos artigos e livros dá ênfase à importância da mesada e do controle dela na educação financeira dos filhos.

Como quase ninguém se propôs a falar do outro lado, procuro mostrar, usando a minha própria experiência bem-sucedida, o porquê da minha decisão de não dar mesada e suas consequências práticas na vida dos meus três filhos. Em primeiro lugar, o que me motivou foi prepará-los para a vida como ela é, **mostrando principalmente como é não ter "nada garantido" mensalmente.**

Assim, desde muito cedo, quando começaram a criar alguma renda para comprar sorvetes e itens de papelaria, eles tiveram a chance de entender como realmente as coisas funcionam, principalmente em matéria de dinheiro, algo que acaba frustrando a maioria dos adultos lá na frente.

Se eles fossem acostumados a receber uma quantia por mês, talvez pudessem ter se acomodado – e, quem sabe, até desistido de pensar em montar os negócios que têm hoje. Poderiam ter pensado em trabalhar quando ficassem mais velhos e com MBA no currículo. Afinal, teriam dinheiro para ir satisfazendo suas vontades.

Valores como conquista, realização, gratidão, respeito, humildade, resiliência, tenacidade, liderança, interdependência, espírito empreendedor – até mesmo a importância dos desdobramentos da competição –, precisam ser mostrados e reforçados no dia a dia.

Quem conhece meus filhos e a nossa família sabe que eles carregam e praticam esses valores acima mencionados. Isso porque, desde que cada um nasceu, minha esposa e eu sabíamos claramente os adultos que nós, pais, gostaríamos que eles se tornassem. Para que isso fosse uma realidade, desenvolvemos algumas técnicas e ações, que compartilho com você abaixo:

**CRIE UM AMBIENTE EMPREENDEDOR EM CASA:** Faça a criança participar de todos os acontecimentos e decisões da casa, sejam bons ou ruins. Essa atitude vai estimulá-la a ter opinião e a enxergar o planejamento das coisas, da mesma forma que ocorre em uma empresa. Em casa, nós criamos um fundo de viagens em que todos colaboram com um valor mensal. A ideia é unir a família para atingirmos nossos objetivos.

**FALE SOBRE OS PROBLEMAS:** Seja aberto e converse sempre com seus filhos sobre os problemas que a família passa, claro, numa linguagem adequada à sua idade. Eles moram na mesma casa e devem estar incomodados também. Transmita a segurança de que os conflitos são solucionáveis, troque ideias sobre como solucioná-los e chame sua atenção para perceber oportunidades até mesmo nas dificuldades.

**NÃO CRIE O HÁBITO DE DAR DINHEIRO:** Nem direta ou indiretamente (por exemplo, mantendo uma conta aberta para seu filho na barraca da praia próxima ou na cantina da escola) libere grana para facilitar sua vida, alegando que é mais prático. Assim como não deve recompensar algo que seu filho fez com bens de valor considerável – celular novo, TV, tênis de grife...

**MOSTRE QUE NÃO HÁ ESTABILIDADE FINANCEIRA:** Não deixe que seu filho saiba que a "herança" dele será suficiente para deixá-lo totalmente tranquilo e acomodado. Em casa, por exemplo, eles sabem que todo o meu dinheiro está investido em novas startups, que podem ou não dar certo. Eles não têm garantia nenhuma de que terão herança, por exemplo.

**COMPARTILHE NOTÍCIAS BOAS E RUINS:** Mostre a eles que tudo na vida pode ser analisado por mais de um ângulo. Debates sobre política, questões sociais e no mundo dos negócios costumam ter um lado bom e outro ruim. Falar apenas do positivo transmite para eles a ilusão de um mundo encantado. Falar sobre os dois lados vai estimular a ter senso crítico no futuro.

**ELOGIE AS VIRTUDES E ESTUDE AS DIFICULDADES:** Não ajuda em nada só ressaltar as virtudes e qualidades do seu filho, fechando os olhos para as limitações que ele apresenta. Muitos pais costumam elogiar os aspectos de que se orgulham e minimizar os problemas.

Se o filho é craque no futebol, mas vai mal nos estudos, por exemplo, alguns enfatizam sua habilidade com a bola nos diálogos e falam em tom de brincadeira que "Estudar não é o seu forte". Isso está errado. É preciso investigar qual a raiz do problema e ajudá-lo a melhorar, superar-se. Talvez esteja numa escola construtivista, e essa metodologia nem de longe seja a ideal para ele.

**EXPLIQUE QUE PERDER NÃO É O FIM DO MUNDO:** Um bom exercício é incentivá-lo, na adolescência, a vender um jogo ou brinquedo por um desses sites de compra e venda on-line. Se ele der um preço e aparecer vários compradores, provavelmente vai ficar chateado pensando que cobrou barato. Hora de mostrar que numa próxima deverá pesquisar mais antes de dar o preço, se quiser cobrar melhor.

**SAIA DE CENA DE VEZ EM QUANDO:** Um pai está sempre por perto e, com isso, a criança tem a sensação de segurança constante. Deixe seu filho ter iniciativa e dê espaço para ele fazer algumas atividades sozinho. Quando meu filho, Davi, aos 13 anos, percebeu que resolveria o problema de muitos pais e mães se vendesse as listas de materiais escolares pela internet e entregando em domicílio, montou o projeto "Volta às Aulas" em alguns slides e me mostrou quando cheguei do trabalho. Ao término, me propôs que investisse 5 mil reais:

– *E aí, JK, negócio fechado? Em dois anos eu devolvo o seu dinheiro integralmente.*

– *Tô dentro.*

– *Sério?*

Só que emendei com meu lema:

– *Se vira, moleque!*

**CHECKLIST PARA PAIS COM INTELIGÊNCIA FINANCEIRA**

Abaixo, resumo nove conceitos para ensinar às crianças desde cedo:

1. Poupança
2. Crédito x credibilidade
3. Administração de recursos tangíveis e intangíveis
4. Investimentos
5. Preço de venda e de compra
6. Consumo consciente
7. Dinheiro (o que compra e o que não compra)
8. Faturamento x lucro
9. Renda – melhor ainda se for no plural, rendas

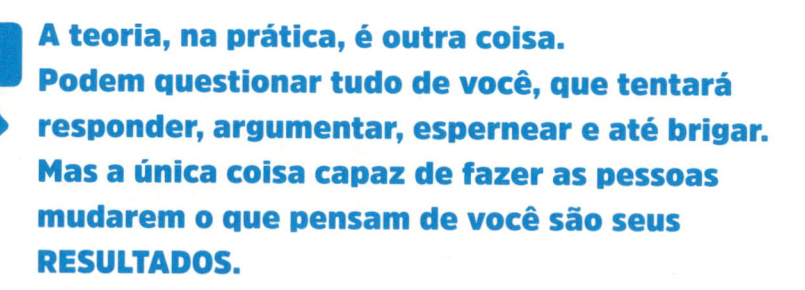

> A teoria, na prática, é outra coisa.
> Podem questionar tudo de você, que tentará responder, argumentar, espernear e até brigar. Mas a única coisa capaz de fazer as pessoas mudarem o que pensam de você são seus **RESULTADOS**.

## Uso inteligente do dinheiro

Para começar, façamos um breve exercício. Responda mentalmente: **Se você recebesse hoje uma herança, saberia administrar esse dinheiro?** Para ter inteligência financeira, convém desenvolver quatro habilidades básicas: entender números, traçar estratégias de investimentos, dar ao mercado o que ele deseja e saber atuar dentro das leis. O que você passaria a seus filhos, caso acordasse rico?

Você com certeza já percebeu que esse termo "está na moda". Mas, afinal, que é essa tal de inteligência financeira que todo mundo fala? O que muita gente ainda não sabe é que essa inteligência está fortemente ligada ao comportamento e às emoções, e não à quantia rendendo no banco.

E por que ela é tão importante? Porque trata-se, nada mais nada menos, de utilizar bem qualquer montante de dinheiro que entra e sai da conta bancária. É ter autodisciplina e clareza de objetivos. Portanto, tudo que abordamos até aqui será inútil se o seu filho, mesmo conquistando todas as características já abordadas neste livro, não adquirir total domínio do seu próprio dinheiro.

E que fique claro: qualquer pessoa pode desenvolver inteligência financeira! Sendo assim, ela se faz presente quando:

- **Você sabe e consegue ter domínio sobre seus ganhos, gastos e dinheiro.**
- **Entende que não é o dinheiro quem dita as regras da sua vida, mas você quem manda nele.**
- **Descobre que não é apenas para os ricos, como muita gente pensa. Ao contrário, quem a tem pode até ficar rico.**

## Como começar?

- **O primeiro passo: direcionar seu salário, pró-labore ou outro tipo de renda para um objetivo concreto.**
- **Resistir às compras parceladas com juros. Melhor juntar e negociar um valor com desconto, à vista.**
- **Pensar no futuro: viver abaixo daquilo que seu padrão de vida permite para alcançar um objetivo. Não tem a ver com escassez, mas em ser inteligente.**

## Como aprimorar a inteligência financeira?

Quem não gostaria de ter dinheiro suficiente para não precisar se preocupar com a falta dele? Essa pergunta tem uma única resposta, que repito aqui: saber usá-lo inteligentemente. Alcançar esse estágio, e também orientar seu filho sobre isso, implica ter autodisciplina e clareza do que vocês realmente querem.

Se fosse fácil, todos conseguiriam. Como já disse, absolutamente nada vem de graça (a não ser uma herança, como hipoteticamente ilustramos o início deste capítulo, mas ainda assim seria necessário inteligência financeira para administrar este presente). Por tudo o que leio e vejo acontecer no meu trabalho de investidor de startups promissoras, recomendo:

**1** **VALORIZE E PROTEJA O $EU DINHEIRO**

O que eu quero dizer é para respeitá-lo. Se ganhou com sacrifício, deve valorizá-lo para não ficar sem ele num piscar de olhos. Como? Priorizando gastos e investindo de maneira que não vire pó.

Proteger seu patrimônio também faz parte desse processo. Vale fazer um seguro da casa, do carro, do celular caro. E você ainda pode ter benefícios extras que vão fazê-lo economizar no todo.

Defina seu orçamento financeiro conforme seus planos pessoais e familiares a curto, médio e longo prazo. Quanto vai gastar para morarem com conforto, viajarem, comerem, realizarem sonhos?

Importante: não espere ou dependa do governo. Programe o futuro desejado – e faça uma previsão de quanto ele custará. Novamente a postura empreendedora de ser protagonista do próprio destino se encaixa aqui.

**2** **GA$TE BEM SEM GA$TAR TUDO**

Controlar gastos é uma habilidade indispensável se você quer atingir inteligência financeira. Faça uma análise profunda em relação às suas finanças para identificar quais despesas consegue reduzir e quais pode bloquear por algum tempo.

Nesses últimos anos de crise, tenho de registrar, muitos brasileiros tomaram essa atitude e descobriram ralos de gastos abertos que fecharam para sempre, sem maiores prejuízos.

Quer ver como você e seu filho podem cortar despesas desnecessárias de imediato? Por exemplo, planos numa academia a qual raramente compareceram, assinatura de revistas e de canais a cabo que mal viam por não pararem em casa – opte por um pacote mais enxuto e mais barato, jantar fora todo fim de semana – que tal reduzir para um sim, um não? –, dívidas adquiridas por puro consumismo porque os amigos possuem, compras em prestações que parecem infinitas.

Existem ainda despesas que você pode negociar e adequar a essa nova realidade de melhor controle de ganhos e gastos. Por exemplo: obtendo descontos por colocar todos os filhos na mesma escola e por pagar semestralmente e convencendo a operadora de celular a oferecer um plano familiar mais vantajoso. Com relação a outros prestadores de serviços é a mesma coisa, negocie sempre.

## 3 MULTIPLIQUE $$$UA RENDA

Conforme os filhos crescem, mais os pais desejam aprender a arte da multiplicação, a fim de prover o melhor suporte para tantos sonhos e possibilidades. Sinto informar, fica muito difícil fazer isso sem uma revisão cautelosa de gastos e do padrão de vida adotado até então, para que não engulam toda sua renda média mensal.

Especialistas sugerem que o ideal é poupar por pelo menos quatro meses parte do seu salário, antes de partir para a fase "investir". E não se deixe cegar pela vontade de fazer com que ele trabalhe ao seu favor escolhendo aplicações de alto risco, sem que tenha a devida informação. Nossos avós já diziam que, quem vai com muita sede ao pote, acaba se lambuzando.

Conselho de amigo: nunca comece pelo mais complexo ou pelo tipo de aplicação que causa mais dúvidas e inseguranças. Se você até hoje só investiu em poupança, não precisa começar por ações, por exemplo. Diversifique, na medida do possível, estipule níveis e busque conhecer as opções em vez de simplesmente delegar ao gerente do banco.

Há muitas formas simples de você começar a multiplicar seu dinheiro, sem que precise perder o sono. À medida que sua inteligência financeira aumentar, você passará para o próximo nível. Rentabilidade, segurança e liquidez são proporcionais ao seu entendimento e dedicação.

## 4 MUDE QUANTOS HÁBITO$$$$ PRECISAR

Ninguém acorda pensando "hoje eu não quero ser mais inteligente com minhas finanças". Além disso, a parte mais fácil dessa jornada é ler e perguntar sobre investimentos. O mais difícil, para a maioria das pessoas, é mudar os hábitos financeiros, abandonando aqueles gastos sem objetivo porque os outros também fizeram, por costume, por pressa de pesquisar melhor...

Para alcançar os resultados que almeja para si e para que possa instruir e orientar seu filho a seguir o mesmo caminho, é preciso que a trinca proteger-poupar-investir faça parte da sua rotina. A partir do momento que você tornar habitual, sem o peso da obrigação ou do sacrifício, tudo fluirá melhor. Foi assim quando teve de se acostumar – e também ensinar seu filho – a colocar o cinto de segurança ao entrar no carro, não foi?

Lembre-se de que é preciso agir com mais consciência e menos por impulso ou busca de satisfação imediata! Muita gente liga o piloto "automático" no dia a dia e se recusa a conversar sobre dinheiro dentro em casa por considerar um assunto "estraga prazeres".

Desenvolver inteligência financeira começa com uma decisão e permanece alimentada pela vontade de ser livre. Livre, sim, para realizar sonhos e metas porque terá ao menos como bancá-los, afastando-se do patamar mais baixo de subsistência.

Não dá para viver na base de "um amor e uma cabana", especialmente quando se tem filhos. E o nível de qualidade de vida que uma família alcança é um ótimo indicador de prosperidade. Não significa estar no grupo dos ricos, mas já é sensacional não fazer parte das estatísticas dos endividados.

No fundo, a quantidade de dinheiro é menos decisiva para uma boa estrutura familiar do que a escolha correta do padrão de vida. Ter a consciência de que o dinheiro é meio para viver boas experiências individuais e coletivas, e não fim, evidencia que há inteligência financeira nessa casa.

## BÔNUS EM DINHEIRO PARA TODA FAMÍLIA

**Resumindo: é inteligente financeiramente aquele que consegue investir e multiplicar. E se você ainda não está convencido disso, perceba o que essa inteligência pode oferecer ao seu bolso e à sua família.**

- **Maior liberdade de escolhas –** por exemplo, a de poder mudar o filho para uma escola mais renomada e mais cara.
- **Dormir com menos preocupações financeiras –** por exemplo, com a "cacetada" de impostos todo início de ano.
- **Maior variedade de alimentos no prato,** na despensa, na geladeira, e ainda podendo comprar orgânicos.
- **Livrar-se de trabalhar naquilo de que não gosta,** com quem não gosta, somente para pagar contas.
- **Poder realizar aquela viagem dos seus sonhos** e/ou enviar o filho para a viagem dos sonhos dele.

- **Prosperar até a medida desejada.** Para uns, é morar em um condomínio fechado em Miami; para outros, é quitar o apartamento financiado desde o noivado.
- **Fazer dívida só como solução positiva** (para sua empresa crescer e aumentar o bolo financeiro), e não para pagar o rotativo do cartão de crédito e outras dívidas (o chamado "cobertor curto").
- **Sentir a satisfação pessoal de ver os investimentos "engordando".** E ter segurança de poder se dar a alguns luxos de vez em quando, sem desmoronar o orçamento familiar. Que alívio!

**Quando a família toda empreende, o dinheiro rende.**

## Pense andando, pratique aprendendo

Quem me acompanha desde 2007 sabe que eu digo e oriento meus filhos e outras pessoas a ir colocando em prática o que aprendem *enquanto* aprendem. Porque é vantajoso testar como tudo funciona enquanto se pode experimentar, errar, refazer e recomeçar.

Não vou entrar no mérito e na polêmica acadêmica sobre Teoria x Prática simplesmente porque acredito que uma coisa não deve ser dissociada da outra. Ainda mais que sou extremamente crítico com relação ao "método decoreba" que ainda impera na educação brasileira, por desprezar a preocupação de relacionar conhecimentos com aplicação prática e focar apenas na conquista de um papel – o diploma.

Verdade que, se você é treinado, na prática, para realizar determinada atividade, vai conseguir fazer. Apenas precisa saber por que está fazendo, qual o conceito, qual a base daquilo. Se não souber, estará apenas agindo no piloto automático, reproduzindo aquilo para o qual foi treinado.

Portanto, a verdadeira segurança em fazer bem feito e com qualidade nasce do profundo conhecimento agregado à prática. O mercado já não espera muito o modelo: "aprender para depois fazer". Exatamente por isso sou adepto do fazer-enquanto-você-aprende e vice-versa. Isso, lógico, se a sua profissão e a lei permitirem.

Apesar de toda a minha experiência prática adquirida trabalhando desde muito cedo, eu ainda me considero um eterno aprendiz. Sabe por quê? Porque tive de voltar a estudar e entender a base, a teoria e os conceitos de como se fazia cada coisa, dos porquês.

Simplesmente, durante muito tempo, negligenciei isso. Acreditava que a prática e o treinamento eram suficientes para vencer na vida. Não eram! Hoje, compreendo que, nas duas vezes que me dei mal, foi por causa dessa postura de deixar em segundo plano o aprendizado teórico e o planejamento. Até que comecei a entender Sócrates: "Só sei que nada sei".

Ou seja, aquele que pensa que sabe de tudo, na verdade não sabe é de nada. E eu achava que sabia de tudo, veja você!

A teoria na prática é outra coisa – se você experimentar esse ditado popular, convergindo de maneira proporcional e inteligente esses dois pontos, terá um resultado surpreendente! Com certeza, será uma pessoa mais eficaz, assertiva e preparada para os desafios da atualidade, incluindo o de educar uma criança para brilhar no futuro.

Mais do que isso, poderá ser o mentor de que seu filho precisa. Afinal, como o próprio título deste capítulo resume bem, **conhecimento, experiência e prática são coisas que o dinheiro não compra!**

Definitivamente, hoje sou uma pessoa que ouve mais do que fala. Leio muito mais do que escrevo e aprendo mais do que ensino. Esse é meu ponto de equilíbrio; é também o meu motivo para argumentar nestas páginas por que considero tão importante pensar andando e praticar aprendendo.

# CAPÍTULO 12
## EDUCAÇÃO FÍSICA E ALIMENTAR

**E**m meio a tantos sonhos e objetivos, não podemos deixar de lado o cuidado com a mente e o corpo. Ter uma boa alimentação e praticar exercícios físicos também são componentes importantes na lista "Top 5" de qualquer pessoa bem-sucedida.

Note ainda que, na correria do dia a dia, nem sempre pais dão o devido valor aos benefícios que a prática de exercícios proporciona. Se você deseja que seu filho desenvolva com vigor e entusiasmo as muitas atividades da sua rotina, nada mais justo que incentivá-lo a manter hábitos saudáveis, independentemente da idade.

O alimento é condição essencial para a sustentação da vida. Para ser aproveitado da maneira correta, tem que ser ingerido na quantidade e variedade adequadas. Caso contrário, o organismo não desenvolve bem suas funções e acaba por não prevenir as doenças desencadeadas ou agravadas por má alimentação.

E não é segredo para ninguém que sair da zona de conforto e realizar mudanças em nossa vida não é fácil. Não ocorrem como num passe de mágica ou do dia para a noite, então você precisa ensinar sua família a insistir e persistir. É de conhecimento público que a maioria das pessoas bem-sucedidas pratica alguma atividade física pelo menos três vezes por semana.

Mesmo que nos primeiros dias seu filho se sinta muito cansado para fazer um esporte, a boa notícia é que esse cansaço é temporário. Em aproximadamente duas semanas, ele desaparece e seu filho já poderá sentir os benefícios. Relembre alguns:

**IDEIAS MAIS ORGANIZADAS:** Passado o período de adaptação, os exercícios passam a fazer parte da agenda familiar, tornam-se quase uma religião, e será exatamente nesse momento que vocês sentirão a grande diferença em suas rotinas. E sabe por quê? Atividade física oxigena melhor o cérebro, ajudando a organizar as ideias. Com isso, todos enxergam oportunidades ou soluções que antes estavam escondidas nas profundezas do subconsciente.

**MUITA CALMA NESSA HORA!** Quando praticamos qualquer esporte, o músculo que recebe os primeiros benefícios é o coração, que trabalha melhor e com menos esforço. Sabe aquela hora em que você quer dar bronca no seu filho, mas sabe que não deve, pois precisa deixar que ele aprenda por si mesmo? Se você, ao praticar uma atividade física conseguir estabelecer uma média de sessenta batimentos cardíacos por minuto, não imagina quão calmo ficará! É exatamente aquela paciência extra para pais tratarem os problemas familiares do dia a dia sem "enfartarem".

**FIM DO TORMENTO COM UM PROBLEMA:** Se seu filho faz parte da turma dos inquietos, dos que nunca param, acredite: será durante a prática da atividade esportiva que ele encontrará a melhor solução para aquele conflito que parecia não ter fim e que o atormenta. Veja, isso irá ocorrer porque terá um momento de conexão consigo mesmo e com sua máquina que é o corpo. A cabeça ficará mais vazia, e permitindo que ele acesse aquela área do cérebro que antes estava trancada, impossibilitando que pudesse enxergar possíveis saídas.

**ENERGIA EXTRA PARA SE VIRAR:** Com a prática frequente de exercícios, seu lado mais disciplinado deverá aflorar. Além de ficar mais colaborativo (principalmente se praticar um esporte coletivo) e ágil para, como eu digo, conseguir "se virar".

**AUMENTO DE AUTOESTIMA:** Precisa de mais argumentos? A ausência de exercícios causa lentidão no metabolismo, acumula gordura corporal e causa a perda de massa muscular. E isso tudo, quando se trata de jovens em formação, pode abalar sua autoestima. Exercitar-se traz bem-estar físico e principalmente emocional.

Fato é que, quando sua família está envolvida com o esporte, torna-se mais saudável – e assim cria novas amizades e novos hábitos de vida, como dormir mais cedo, tendo um sono reparador e muito mais disposição na manhã seguinte. O segredo está em cada um fazer com que o esporte se encaixe na rotina.

Talvez seu filho precise acordar uma hora mais cedo. Pode ser que você consiga escapando do trabalho na hora do almoço. E quem é mãe só consiga ter essa janela de tempo para se exercitar à noite. Mas certamente a persistência trará benefícios para a harmonia da casa, a saúde física e mental de todos e energeticamente.

Lembre-se de que a atividade física só não pode atrapalhar ou mudar substancialmente as rotinas. Pelo contrário, deve agregar valor à vida sem causar impacto no trabalho, nos estudos ou na convivência familiar. Antes e depois dos exercícios, não se esqueça de ter uma alimentação saudável. Pense em todas essas condições como verdadeiras munições para enfrentar as batalhas do dia a dia.

Todos podem ser bem-sucedidos naquilo a que se propõem. E apesar de não existir fórmula mágica, é sabido que manter certos hábitos pode ajudar a chegar mais perto do que se quer conquistar. Michael Simmons, cofundador da Empact, plataforma para empreendedores, foi fundo nessa tese e analisou as histórias pessoais de grandes líderes e executivos, como Warren Buffett, Bill Gates, Steve Jobs, Benjamin Franklin e Albert Einstein.

A ideia era entender quais hábitos essas pessoas de sucesso tinham em comum. Simmons observou semelhanças na forma de lidar com suas horas livres – leia: quando não estavam trabalhando. E foi além: suas rotinas podem ter influenciado os resultados positivos que alcançaram na carreira.

E quais seriam essas rotinas? Adotaram os hábitos de reservar um tempo para se afastarem das tarefas e obrigações profissionais, desacelerar um pouco da correria coletiva e investir em atividades com recompensas no longo prazo – como maior conhecimento, ganho de criatividade e energia. Como resultado, cada um a seu modo conseguiu atingir menos objetivos em um dia específico, mas ganhou muito mais qualidade na vida pessoal e profissional com um todo.

Apesar de possuir empresas com milhares de funcionários, Warren Buffett, por exemplo, provavelmente não está tão ocupado quanto você. Pela estimativa do próprio bilionário, considerado um dos melhores investidores do mundo, ele passou 80% de sua carreira "lendo e pensando", conforme noticiou o site de notícias norte-americano *Business Insider*. Isso nos leva a crer que, além de seu dinheiro, outra fonte de riqueza seja o seu conhecimento, que o permitiu tomar grandes decisões.

## Hábitos para pais e filhos compartilharem

Inspirado na análise de Simmons, separei estas cinco dicas, para que vocês "desliguem" um pouco da rotina-escola-trabalho e sejam capazes de ajudar o cérebro e outras partes do corpo a encarar os desafios da vida:

**ANOTAR** as principais reflexões, experiências, ideias, para não sobrecarregar a mente e ainda facilitar a memorização e o foco. John Paul DeJoria, que morou dentro do carro para controlar as finanças da sua empresa recém-aberta e hoje está bilionário, sempre escreve suas ideias e reflexões do dia.

**TIRAR COCHILOS,** sem abusos, pois revigora e aumenta a capacidade de aprender e de trabalhar. Se Albert Einstein era adepto dessa técnica, você não vai brigar com seu filho porque ele desabou no sofá quando chegou da escola, vai?[29]

**CAMINHAR** pelo menos quinze minutos por dia. Você pode inclusive aproveitar para ter uma conversa importante, à moda Steve Jobs, que fazia uma caminhada longa quando queria falar de assuntos sérios. Pois essa onda do *walking meeting* pegou também Mark Zuckerberg, do Facebook, e o ex-presidente dos EUA Barack Obama.

**LER E PENSAR,** como faz Warren Buffett, que declarou gastar cerca de seis horas diárias lendo cinco jornais e quinhentas páginas de balanços de empresas. A Oprah Winfrey credita boa parte de seu sucesso aos livros que leu. Que tal combinar com seu filho de repassarem um ao outro algo interessante que leram física ou virtualmente?

**DIALOGAR** como forma de aprendizado com seu filho pode gerar excelentes resultados. Inspirem-se em Reid Hoffman. Quando esse empreendedor digital e cofundador do LinkedIn tem alguma ideia, liga logo para um de seus pares para compartilhá-la.[30]

> **Nunca chame o TRABALHO alheio de SORTE se você não sabe o trabalho que ele teve para obter tal resultado.**

---

[29] GALASTRI, Luciana. A ciência da soneca perfeita. **Galileu**, São Paulo, 18 ago. 2015. Disponível em: https://revistagalileu.globo.com/Ciencia/noticia/2015/08/ciencia-da-soneca-perfeita.html. Acesso em: 06 mai. 2020.

[30] FERNANDES, Will. Aprenda lições importantes com o co-fundador do Linkedin. **meuSucesso.com**, [s.l.], 02 set. 2016. Disponível em: https://meusucesso.com/artigos/empreendedorismo/aprenda-licoes-importantes-com-o-co-fundador-do-linkedin-1357/. Acesso em: 06 mai. 2020.

# CAPÍTULO 13
## EDUCAÇÃO INCLUSIVA

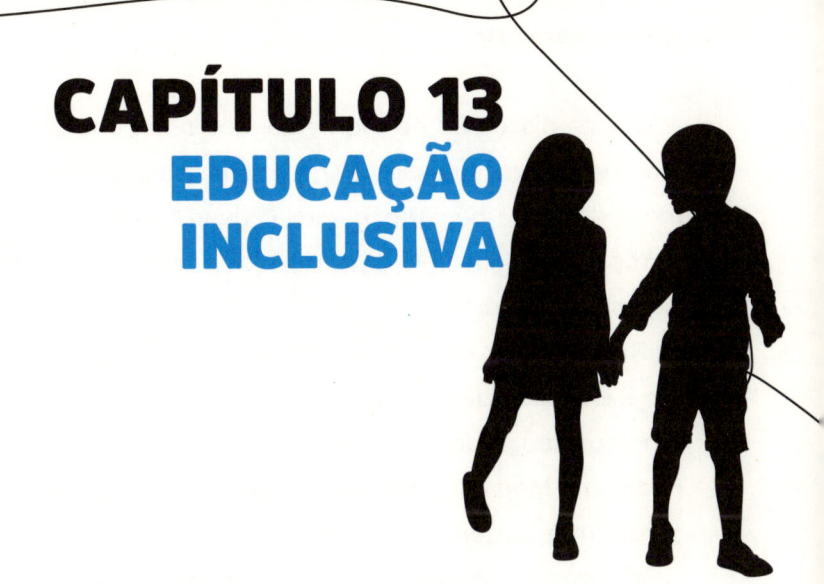

**A** palavra que mais combina com o século XXI é respeito! Saber respeitar as diferenças e o espaço do outro é mais do que necessário num mundo cada vez mais aberto a novas experiências, referências, ângulos de uma mesma questão. Com grupos homogêneos isso fica quase impossível. Porque todos pensam parecido, olham para a mesma direção, são quase espelhos. Mais do mesmo quando o debate é mais rico, e o mundo está cheio de gente querendo ter voz e se sentir representado.

Compartilhar ideias, ações e desejos tem sido essencial no dia a dia de quem deseja se destacar, mas sem diminuir ninguém, sem ser intolerante com quem têm outros pontos de vista e sem querer impor a própria verdade.

A cultura do ódio, de que se fala tanto atualmente, precisa começar a ser quebrada dentro dos lares, com uma educação inclusiva. E quem já for grandinho, mas preconceituoso, vai ter de se reeducar. Independentemente de raça, etnia, orientação sexual, gênero, nacionalidade, idade, estética, condição social ou educacional, estamos falando de pessoas, seres humanos. Vida!

E vamos lembrar que as crianças aprendem a respeitar as diferenças mediante modelos. Significa que pais que não se mostram preconceituosos, racistas e intolerantes ensinam mais naturalmente seus filhos a importância da inclusão.

É uma discussão do momento, que não pode ocorrer somente do lado de fora da sua sala. Traga o tema para as conversas no sofá, na mesa de jantar, no carro, na praia... quando estiverem vendo um filme, um comercial, uma foto de refugiados na internet ou conferindo alguma exposição de arte.

Se for comprar uma boneca para sua filha, por que escolher sempre a de olhos claros, cabelo loiro e magra? Aliás, por que meninas e meninos não podem brincar juntos ora de carrinhos, ora de fazer comidinhas? Meu filho Davi vendia aos 13 anos *cupcakes*, em sociedade com a irmã. Já pensou se minha esposa e eu tivéssemos preconceito?

Infelizmente, há pais que proíbem ou dificultam o acesso dos filhos a ideias, realidades e hábitos diversos dos seus, buscam inseri-lo em um grupo homogêneo. Nada mais autoritário e arriscado, pois no futuro esses filhos é que poderão ser excluídos, rejeitados pelos que respeitam a diversidade – ou até presos, por desrespeitarem pessoas diferentes deles.

A educação inclusiva aponta para a transformação de uma sociedade mais justa e é um processo que extrapola os muros das escolas. Sim, a inclusão pressupõe que essa instituição se ajuste a todas as crianças, em vez de esperar que aquelas com deficiências se ajustem a ela ou fiquem excluídas. E acrescento que é importante que os pais saibam qual a postura da escola dos próprios filhos quanto a esse tema.

Contudo, as empresas, os clubes de lazer, as igrejas... também precisam ser inclusivas, por exemplo. Para isso é preciso antes de tudo ter disposição! Muitas pessoas não se dão conta de que falta disposição para ao menos tentar entender a dor do outro. Não por acaso, empatia é uma habilidade tão valorizada nos dias de hoje.

Sendo os pais os primeiros responsáveis por moldar a mente e direcionar as ações dos filhos, podem plantar o respeito no dia a dia e nos detalhes. E que a escola também cumpra sua tarefa de ensinar a compartilhar saberes, a discutir e a trocar experiências e pontos de vista, cumprindo seu compromisso primordial e insubstituível de introduzir os alunos no mundo social, cultural e científico.

Isso é um direito de todo o ser humano, independentemente de padrões de normalidade estabelecidos pela sociedade ou pré-requisitos impostos pela escola.

## Do "eu" para a cultura do "nós"

O impacto desse processo de inclusão e respeito reflete diretamente nos profissionais que estão ganhando mercado na atualidade. É só observar como a economia compartilhada tem mudado o nosso jeito de consumir e de (re)pensar modelos tradicionais de negócios.

Portanto, se seu filho não praticar o respeito ao próximo, não lidar bem com a diversidade de pessoas e ideias e não pensar a inclusão como benéfica para todos, quem será rapidamente excluído de tudo será... ele. E não é difícil entender por que fiz esse alerta.

Note que as grandes empresas que já nasceram nesse formato de negócio, o da Economia Compartilhada ou *Sharing Economy*, ganharam visibilidade e mostraram ao mundo uma nova realidade e forma de negociar que já está presente entre nós.

Conceitualmente, é um ecossistema econômico sustentável construído em torno da partilha de recursos humanos, serviços e produtos. Inclui criação, produção, distribuição, comércio compartilhado e consumo de bens e serviços por pessoas e negócios, visando resolver algum problema das pessoas.

Observe que se trata de uma quebra de paradigma. Sabe por que essa nova economia tem chamado tanta atenção e ganhado cada vez mais espaço no mercado mundial? Porque há séculos tudo era feito da mesma forma quando se trata de varejo e capitalismo mundial. O foco se dava em função única e exclusivamente da compra e venda de produtos e serviços.

O que muda? Bom, na Economia Compartilhada podemos, por exemplo, vender o mesmo produto por diversas vezes, sem que o comprador obtenha a propriedade do bem. Nesse formato, aquela única transação dá lugar a muitas outras; enquanto no modelo tradicional, não.

Os participantes da Economia Compartilhada são pessoas, comunidades, empresas, organizações e associações. Todos estão em um sistema de compartilhamento altamente eficiente, contribuindo e se beneficiando. São negócios feitos geralmente diretamente entre pessoas e sem intermediários, estando no centro desta economia.

O consumo colaborativo, a troca de experiências e de serviços específicos, mais a locação de bens quando estão ociosos, a compra coletiva, passando também pela subscrição, pelo empréstimo, pelo microfinanciamento, além do *crowdfunding* e *crowdsourcing* etc. Esses são os principais aspectos e modelos de negócio da Economia Compartilhada.

O exemplo mais popular e conhecido do mercado é o Uber, pois pessoas normais (*drivers*) dirigem seus próprios carros particulares para outras, conectadas por um aplicativo. Existem outros exemplos: o Airbnb, permitindo que pessoas se hospedem na residência de outras que moram do outro lado do mundo ou numa vila próxima; o Zipcar, como alternativa à locação de carros tradicional, dá a oportunidade de usar um carro por algumas horas que estava parado na garagem do dono.

Amantes de séries e filmes se realizam no canal Netflix: podem assistir pela internet em qualquer dispositivo (incluindo a televisão) e na hora desejada, bastando fazer uma assinatura. E imagine jantar na casa de um estranho que preparou a mesa especialmente para você! Veja como funciona o Dinner. Conhece o Tripda, aplicativo que busca caronas para reduzir o custo de seu deslocamento?

A Economia Compartilhada promove a cultura do "nós", na qual a comunidade em geral é considerada o bem maior. Preocupações com saúde, felicidade, confiança, experiências, colaboração, compartilhamento e sustentabilidade são características notáveis nessa economia que só ganha espaço no mercado mundial.

**PESSOAS QUE OPERAM NESSA ECONOMIA...**
- têm a preocupação de criar soluções para problemas específicos;
- têm consciência nos negócios;
- compreendem o empreendedorismo social;
- operam negócios sustentáveis;
- aplicam conceitos e ética nas empresas.

E sabe qual é o principal impacto provocado em você, no seu filho, no seu bairro, na sociedade? Mudança de *mindset*. Teremos muito em breve a popularização desse modelo econômico no Brasil, o que fatalmente vai obrigar os negócios atuais – e as pessoas – a se adaptarem, pois é um novo e gigantesco mercado.

Como pai-mentor, minha sugestão é: se você ainda não o faz, incentive-o a pensar em comunidade e em soluções que abranjam a totalidade, sem qualquer tipo de exclusão. **Parafraseando a música do Chico Buarque, você pode até não gostar, mas seu filho gosta dessa ideia.**

### CARTA ABERTA À ESCOLA DO MEU FILHO

Se todos os pais se posicionarem de maneira mais atuante, assertiva na educação, buscarão um compromisso com a escola de que ela realmente prepare crianças e adolescentes para conquistar este mundo que abordamos ao longo do livro. Pensando nessa premissa, criei uma carta-manifesto aos educadores formais dos meus filhos. Vale ter a mesma ideia, ok?

*Caro Dirigente e Professor,*
*Sem perder de vista que a responsabilidade da educação doméstica de meu filho é minha, entendo que boa parte de sua formação é feita pela escola, indo muito além do cumprimento da grade curricular. Sem querer também terceirizar problemas*

ou obrigações, gostaria de manifestar o meu interesse em alinhar expectativas sobre aprendizados que precisam ocorrer no dia a dia das salas de aula.

**É preciso que a escola consiga,** muito mais que as matérias de matemática e ciências, estimular em meu filho a criatividade, o convívio social, a vontade de estudar e o despertar para coisas boas do mundo – assim como o senso crítico para detectar as ruins.

Consiga mostrar que não se trata apenas de decorar fórmulas e assuntos, mas de entender o porquê, o propósito de cada ensinamento e, principalmente, como isso vai ser importante na vida dele. Consiga ensiná-lo a construir relacionamentos e o conceito de ecossistema (e não "ego" sistema), pois as conexões são importantes desde cedo, quando estão sendo alfabetizados, interagindo e se comunicando. Que tal estimular ainda mais a amizade?

**Dá para ensinar que** o SER tem mais valor que o TER mesmo na infância, combatendo o consumismo na raiz.

Que tornar-se um líder é conquista, não obrigação. Nem todos conseguem liderar, e não há nada de errado nisso. O importante é ser participativo e ajudar na construção de qualquer projeto (na escola e na vida).

Que o empreendedorismo não é somente ter um negócio, e sim uma forma de encarar o mundo e as coisas. É essencial exercitar em sala de aula a resiliência, com dinâmicas e desafios que ajudem a formar futuros adultos mais preparados para as porradas da vida.

**Ajude meu filho e outros alunos** a gostar mais da leitura e a escrever não por obrigação, mas por prazer. Para isso, é importante deixar de lado as leituras genéricas e personalizar, levando em consideração o perfil de cada um, seus interesses, aptidões e gostos.

Claro, pais sabem que a escola tem de cumprir uma matriz curricular. Entretanto, nada impede complementar com estudos de casos, vídeos de palestras de eventos de inovação (como TEDs), games com fins pedagógicos e outros recursos que preparem crianças e jovens desde cedo para o mercado atual e o mundo.

Que tal mostrar casos reais de fracassos e de sucessos, promovendo discussões a respeito, para que eles possam fazer melhores escolhas no futuro e evitar que se envolvam com problemas (ou ao menos saibam que são capazes de sair deles)?

**Oriente o corpo docente** para preparar aulas e passar matérias mais divertidas, participativas, um pouco mais lúdicas, de modo a envolver cada aluno no propósito do aprendizado, em vez de tratá-lo como mero ouvinte.

Nas horas de lazer, nas brincadeiras e nos jogos com os amigos, enalteça o vencedor da disputa, assim como o esforço do time. E aproveite a chance para ressaltar que uma eventual derrota pode ser estimulo para uma futura vitória.

**Cada aluno deve ser estimulado** a acreditar em si e em seus sonhos. Cabe à escola procurar identificar a vocação dele e o que o faz realmente feliz. Deve ser estimulado a falar de política. Esse é um assunto para levar para a sala de aula, pois faz parte da vida de todos. Importante: tomando o cuidado de jamais doutrinar para causa A ou B, esse ou aquele partido político.

Deve ser ensinado a não praticar bullying de qualquer espécie dentro da sala ou nas áreas comuns. Mesmo assim, se ocorrer, a escola precisa mostrar que nem todas as pessoas são justas e que é preciso se fortalecer para enfrentar isso.

Em relação à culpa, vale explicar que muitas vezes não adianta culpar o mundo e a todos, pois a mudança começa dentro de cada um. Aliás, gostaria muito que a escola me ajudasse a mostrar ao meu filho a lidar melhor com o NÃO, enxergando como oportunidade de seguir outro caminho. Coisas ruins acontecem. Não tem nenhum problema em ficar triste ou chorar naquele momento, desde que não vire mágoa longa ou rancor.

**Por mais convicção e conhecimento** que cada professor tenha sobre a matéria apresentada, ensine meu filho a ouvir, lembrando de deixá-lo sem o risco de ser recriminado. O tempo mudou; e quem sabe a opinião dele pode ser a correta?

Seguir a manada nem sempre é o melhor caminho. Ensine senso crítico, para que meu filho possa escolher desbravar novas rotas. E, por favor, não o ameace com nota baixa se ele não quiser fazer o que você acha que é certo. Não se trata de insubordinação ou ousadia passível de punição. Ele pensa diferente e merece, no mínimo, respeito pela coragem de expressar suas ideias.

Por fim, solicito nesta carta que meu filho seja tratado como os outros estudantes, e não de maneira especial. O que eu estou pedindo pode ser ampliado a todos os alunos da escola, pois o mundo vai precisar demais da energia desses jovens para ser melhor.

Sei que educar é uma missão sem fim. Pode parecer que estou pedindo muito ou que parte disso é meu dever dentro de casa. Mas, acredite, estou fazendo a minha parte como Pai e mentor. Apenas preciso realmente que a escola me ajude nesta jornada de formar meu filho e outros jovens, a fim de que não cheguem ao futuro como robozinhos nota 10.

**João Kepler Braga, pai do Theo, do Davi e da Maria**

# PARTE 4
## A LÂMPADA MÁGICA

Observe que até aqui falei sobre sonhos, propósito, formação, empreendedorismo, escolhas. E que tudo isso está, sim, dentro de um chapéu chamado EDUCAÇÃO. Eu espero que tudo o que você leu até aqui o deixe ainda mais convencido de que preparar os filhos para o mundo, em vez de querer mudar o mundo para eles, passa por valorizar o que você ensina, apoia, orienta, dentro de casa no dia a dia.

Muito mais do que se preocupar com outras coisas que dão status, fazem bonito para mostrar externamente, pais e educadores precisam aumentar as expectativas de crianças e adolescentes sobre seu bem-estar e suas perspectivas futuras.

E, como eu disse, a velocidade com que as mudanças estão ocorrendo demanda atualizações constantes na educação dos mais velhos, diante do prolongamento da vida profissional e da longevidade.

Sócrates, o filósofo grego, marcou a história ao destacar que o ser humano precisava olhar para si mesmo e concentrar-se no seu desenvolvimento, mais do que buscar riquezas materiais. Ele pregava ser importante cultivar amizades e o lado intelectual, por exemplo, e avisava que o começo para mudar o mundo é... mudar a si mesmo.

Quis trazer essa reflexão para este livro porque pais e filhos podem aprender sobre esse mundo juntos. Acredite, isso potencializará os benefícios para sua cria, como se acendesse a lâmpada mágica na sua casa para iluminar o caminho.

# CAPÍTULO 14
## O PROPÓSITO, A JORNADA E O SUCESSO

No final de 2017, contratei uma secretária, com o auxílio do LinkedIn, onde descrevi o que faria e o perfil desejado. Pedia uma pessoa multipotencial e intraempreendedora (nome dado a quem tem postura empreendedora trabalhando dentro de uma empresa com carteira assinada) para fazer parte de uma equipe de empreendedores. Precisava ter habilidades em secretariado e comunicação, entre outros aspectos essenciais e ressalvas.

Formação acadêmica e idade não importavam. Cor, raça, religião e preferências políticas e sexuais tampouco. Mas ter humor e gostar de gente, sim. E muito! Além de *mindset* e comportamento empreendedor, competências como autoestima e proatividade. E o essencial: agilidade, humildade, foco em resultados, senso de urgência, visão sistêmica, formação de time e respeito pelas pessoas e famílias.

No *job description*, por exemplo, indiquei que seria nosso "xerife" do escritório paulista, cuidando da agenda da diretoria, organizando meetings e eventos, atendendo clientes, colaboradores, investidores e empreendedores (português e inglês). Faria o *backup* dos diretores, o relacionamento com as mídias e até falaria em público, se fosse o caso.

Em seguida, expliquei "quem somos": uma Micro Venture Capital Brasileira com atuação global. Trabalhamos investindo em negócios inovadores e startups. Nossa diretoria é jovem. São empreendedores que investem e *workaholics*. Lidamos com pessoas e fazemos relacionamentos o tempo todo. Contratação imediata, salário de mercado via CLT, com benefícios e convivência familiar.

Reproduzo a seguir o trecho do meu anúncio que considero como a "cereja do bolo":

> *\* Detalhe: se está procurando apenas um "emprego tradicional", por um salário com "chefes", "horário rígido para a empresa e flexível para você" ou "preocupado demais com a reforma trabalhista", por favor, NÃO aplique. Essa vaga é apenas para gente que gosta muito de trabalhar e se preocupa com o sucesso do negócio e de toda a equipe.*
>
> *\* Se fizer sentido para você essa descrição acima, mande APENAS um ou dois parágrafos por e-mail dizendo quem é você, POR QUE devemos te contratar e um link para seu perfil no LinkedIn para o nosso email.*

O mercado de trabalho está mudando e nós veremos cada vez mais vagas como essa. Nós temos duas escolhas: sofrermos reclamando ou nos adaptarmos e nos aprimorarmos a elas. Finalmente, a inovação e empreendedorismo estão esquentando no Brasil!

Em 9 de janeiro de 2018, eu publiquei o *update* abaixo junto com a minha foto e da Helena, profissional que muito nos agregou:

> *Olá pessoal, no dia 15 de novembro de 2017, fiz um post inusitado procurando pessoas para uma VAGA de SECRETÁRIA INTRAEMPREENDEDORA. De 140 candidatos, entrevistamos 12. Bem, REGISTRANDO que a candidata que nos escolheu para ser a sua nova casa daqui por diante. Obrigado, Helena, e seja bem-vinda à família Bossa Nova Investimentos!*

Desde 2007 aproximadamente venho lutando para ajudar o Brasil a criar uma cultura empreendedora. Por meio de investimentos, educação, grupos de debates ou mesmo papos descontraídos, estou sempre batendo nesta tecla: **precisamos oferecer aos jovens uma educação voltada à inovação, à criação de novos negócios, ao protagonismo na busca de soluções para as demandas atuais e futuras da sociedade.**

Dentro da minha casa, claro, não poderia ser diferente. Meus três filhos foram criados com esse ideal e se tornaram desde cedo jovens empreendedores. O mais velho, Theo, é um gestor nato. Em suas veias corre a vontade de fazer e gerir novos negócios. Cursa Administração de Empresas numa das melhores faculdades privadas e toca suas empresas ligadas ao ramo de entretenimento.

Maria, a caçula, sempre se virou sozinha. Descobriu seu talento para doces e começou a vender cupcakes na escola. Meu filho do meio, Davi Braga, com apenas 16 anos, lançou seu primeiro livro. Sua maturidade e ideias surpreendem e inspiram não só outros jovens, mas muitas pessoas adultas. A maneira como ele olha para as situações, buscando solucionar os problemas que estão ao seu alcance, é um convite à reflexão. No livro *Empreender grande, desde pequeno*, compartilha suas experiências e propõe que desde cedo todos se permitam pensar fora da caixa.

Por que estou contando isso? Durante nove meses, vi o Davi se dedicar todos os dias à produção deste projeto. Só vi a versão final, ou seja, não influenciei. Depois de ler os seus pontos de vista, sinto como se um ciclo da minha própria vida estivesse se fechando.

Comprovei como as atitudes dos pais são, de fato, assimiladas pelos filhos. Muitas vezes são atitudes simples, mas fazem toda diferença por darem a base para os filhos explorarem o seu melhor.

A educação empreendedora orienta os filhos a ter uma postura ativa, corajosa, curiosa diante da vida. E desperta desde cedo uma saudável vontade de realizar, de se apresentar ao mundo.

Nosso país e o mundo vivem um momento de profundas transformações. Um dos reflexos que interessa de perto aos pais é este: os empregos formais estão diminuindo ano após ano, tanto no setor público como na iniciativa privada. Fechar os olhos para essa realidade, criando filhos na esperança de que eles serão contratados com estabilidade e salário garantido, é empurrá-los em uma armadilha.

O empreendedorismo não é religião. É solução. É um modo de pensar, de agir e de comportamento. Também uma alternativa para o desenvolvimento econômico do País.

Só para lembrar, manufatura avançada já lida com 3-D, robótica e inteligência artificial, elementos distantes da realidade brasileira. O Brasil tem um grande parque industrial e enorme potencial competitivo (seu poder de escala deixa os estrangeiros ouriçados), mas está, digamos assim, muito distraído com tantas turbulências políticas. A esperança está nos jovens. E um deles pode ser o seu filho.

## Filho em modo aprendizagem ON

Para conquistar uma jornada bem-sucedida na vida, é preciso antes de tudo encontrar o seu propósito. Sem saber por que ou para que você vai se mover e se esforçar, a vida perde o sentido.

Para ilustrar essa afirmação, vou continuar a compartilhar a história do meu próprio filho do meio, pois acredito que ela resume muito bem tudo em que acredito e que me motivou a trabalhar para construir.

Em agosto de 2017, Davi se mudou para os Estados Unidos. Muitos me perguntaram o porquê. Afinal, ele tinha acabado de lançar o livro, que vendia muito bem, com centenas de convites para falar em eventos. A startup dele (List It) também estava indo bem: desenvolvendo ótimos relacionamentos com o ecossistema empreendedor, várias oportunidades em vários Estados brasileiros etc.

Ele foi embora exatamente porque precisava continuar "em modo aprendizagem ON" para não se tornar mais um palestrante no Brasil falando do seu passado, para estudar outras coisas além de empreender, para desbravar mais oportunidades, conhecer o novo, sair da zona de conforto e, principalmente, para enfrentar diferentes desafios.

Além disso, todos nós precisamos encontrar um propósito que faça todo o resto valer a pena! A intenção de fazer algo útil; um projeto de vida, um desígnio. É aquilo que se busca alcançar com objetivo, finalidade, intuito. Sem saber aonde se quer chegar, qualquer lugar acaba servindo.

É claro que sabíamos que o Davi não ia conseguir ficar longe do que mais ama na vida, que é se relacionar com empreendedores, falar de projetos e criar negócios, participar de eventos e ser um "potencializador" de jovens realizadores. Para organizar um pouco o ímpeto dele e não deixá-lo desfocar do seu curso, a mãe e a irmã foram junto nessa missão de morar fora.

Davi, quando se mudou, estudou em High School norte-americano, escola pública mesmo. Lá, ele se relacionou com jovens de várias etnias e classes sociais, filhos de mecânicos, de advogados, de vendedores, enfim... Fizemos isso de propósito, para que ele tivesse essa experiência única na vida: ter de acordar às 5h30 todos os dias para pegar o ônibus que levava uma hora até a escola e ficar nela até às 14h. Além, claro, de seguir regras, métodos, modelos e disciplina a que não estava acostumado. E como eu imaginava, a experiência foi surpreendente. Em pouco tempo, ele já percebia o que estava errado e certo, as diferenças de cultura e de modelos educacionais, o *mindset* dos jovens com quem conviveu desde o início, entre outras descobertas, influenciariam diretamente em sua formação e no modo como enxergava o mundo.

Depois de Orlando, ele foi transferido para Newburyport, em Massachussets, onde morava em casa de família. Na sequência, ingressou na Cats Academy – uma escola internacional preparatória para a faculdade com sede em Braintree, e que oferece uma educação de classe mundial, atraindo estudantes de todo o mundo. Foi quando ele aplicou para cinco Universidades, sendo aprovado em quatro e recusado em uma. O detalhe interessante nesta história é que justamente essa que o reprovou era a

Babson College, considerada a melhor faculdade de empreendedorismo do mundo. Em meio a frustração de não ter conseguido seu objetivo maior de imediato, ele optou então em ir para Florida International University (FIU) - uma universidade pública de pesquisa, centrada no aluno, comprometida em capacitar os que desejam fazer a diferença, assim como o Davi.

Não vou aprofundar porque não há necessidade, mas gostaria ainda de contar mais um detalhe sobre este processo recente que meu filho passou, porque acho que cabe uma reflexão interessante. Suas notas eram média B e a Babson exige média A, essa seria a justificativa para a negativa. Então, quando recebeu a resposta por e-mail, Davi ficou "revoltado" e mandou um e-mail para quatrocentos funcionários da universidade dizendo que "estava se sentindo envergonhado, afinal, como um dos jovens empreendedores brasileiro que havia conquistado reconhecimento através de TED, livro, indicação na Forbes Under 30, que já colecionava participação em programas em canais abertos nacionais e vive o empreendedorismo no seu dia a dia, não teria sido aprovado por conta de nota?". A mensagem que ele quis passar nesta ocasião é de que nota não é tudo e, definitivamente, talvez não seja a melhor forma de avaliar alguém ou muito menos medir o grau de desejo genuíno que uma pessoa tem em relação a uma oportunidade que pode mudar sua vida. De certa maneira, seria o mesmo que avaliar a intensidade de um sonho, ou seja, impossível. E eu concordo com o Davi em relação a este posicionamento e confesso que não me surpreendeu a sua reação e postura ao responder a Universidade e colocar seu ponto de vista da situação.

Afinal, qual é o meu papel e o da mãe nisso tudo? Somos os maiores incentivadores das descobertas dos nossos filhos. Todas as dicas presentes neste livro são, de fato, compilações de tudo que vivenciamos em casa. Há muitos anos eu entendi que minha função como pai era de orientar, apoiar e ajudar a tornar real os sonhos dos meus filhos.

Procuramos conduzi-los para que sonhem grande, trabalhem pelo que querem, coloquem sua alma e tudo mais que tiverem naquilo que acreditam e façam as coisas acontecerem para a vida valer a pena. Se existe uma receita para empreender, ela é bem parecida com isso. empreender, ela é bem parecida com isso.

## Vencendo o medo de mudar

Existem várias pessoas que têm sonhos e gostariam de entrar no mundo do empreendedorismo, mas sentem medo. Sabemos que esse sentimento paralisa, sabota sonhos. Tanto o medo de errar quanto o de ficar sem dinheiro, de não ter conhecimento suficiente para colocar uma ideia em prática. Medo, talvez, de deixar um emprego estável para seguir o seu instinto e adotar um estilo de vida mais gratificante.

A verdade é que, ao contrário do que muitos pensam, para empreender, seu filho não precisa nascer rico ou ter todo o dinheiro necessário. Tampouco largar seu emprego logo de cara. E, claro, não fará nada parecido com se jogar de um penhasco. Mudar dá medo, sim, mas ele deveria ter muito mais medo é de não reagir ao que assusta tanto.

Reconheço que é mais fácil tomar decisão quando o medo não está dominando a mente. Ok, empreender não é um caminho fácil, mas o que na vida é? O importante é ter atitude e dar pequenos passos em direção ao que se quer e no qual acredita, aposta suas fichas.

Para começar, tomara que seu filho seja um insatisfeito e incomodado, não no sentido negativo, mas no de querer sempre melhorar. Essa inquietação poderá se transformar em um negócio de alto impacto. As ideias nascem para atender a uma demanda, às vezes, ainda não mapeada. Basta que se enxergue o que ninguém está vendo ou se procure resolver um problema real.

Entretanto, atenção: as oportunidades dizem respeito aos momentos. Ensine sua família a não esperar por elas, e sim criá-las – ou ao menos preparar-se para quando elas chegarem! É necessário muita inquietude, atenção e desconforto. Seguramente alguma oportunidade está passando agora embaixo do seu nariz. Agarre-a logo aí, antes que alguém a aproveite no seu lugar – isso vale para você e para seu filho!

Claro que ter brilho nos olhos, vontade de mudar o mundo e ter capacidade para inovar são algumas características que diferenciam os empreendedores de impacto. Mas o essencial é ter visão de futuro, pé no chão e usar a tecnologia a favor, ou seja, identificando vantagens competitivas em um determinado mercado e criando um negócio com base nos seus conhecimentos.

E o mais importante: a jornada é mais importante que o destino! Mostre ao seu filho que o lugar aonde ele quer chegar serve de referência, pois o que importa mesmo é como fará o trajeto.

## Fique atento para não comparar...

**...o seu filho com irmãos, primos, filho de amigo e mais ninguém.** Não faça isso nem se tiver a intenção de elogiar, e menos ainda se for para criticar, ressaltar um ponto fraco. Somos seres únicos. Não há duas pessoas iguais no universo.

A propósito, para que seu filho esteja alinhado às novas exigências do mercado, deve aprender a trabalhar em equipe, mas de maneira singular, partindo das necessidades e dos talentos individuais. A união dessas gera uma performance coletiva muito mais poderosa. Contudo, alto lá! A individualidade deve existir. Já o individualismo deve ser moderado, para seu filho não achar que o mundo gira em torno de sua órbita, colocando sua satisfação em primeiro lugar "doa a quem doer".

**...o momento atual com a sua época, a sua criação.** Ainda mais se for para dizer que "na minha época não era assim". E nem poderia ser. Já pensou se a humanidade ficasse parada no tempo e no espaço? É impossível achar que a enciclopédia Barsa e o telegrama resolvem mais que a internet, por exemplo. Quando nos referimos ao que já ocorreu, é página virada. Sabemos o final da história, o que dá conforto. Quando falamos do presente, não. É página em branco.

Se esse caráter de imprevisibilidade causa incômodo, você precisa se acostumar, para abrir um canal de comunicação saudável com seu filho, em que vai escutá-lo mais, procurando não se horrorizar (ou seja, evitando fazer julgamento de valor, conforme a sua "regra veterana") com as mudanças de comportamento das gerações jovens. Sugestão: pergunte o que ele deseja alcançar e como deseja chegar a tal resultado. E, principalmente, como ele está se sentindo.

Eu quis saber o que Davi estava achando de seu novo desafio, o intercâmbio internacional. Leia o que ele me escreveu:

**DEPOIMENTO DO DAVI DURANTE O INTERCÂMBIO NOS ESTADOS UNIDOS**

*Agora aprendo coisas que vou levar para a vida, e não conteúdos desinteressantes para o meu futuro profissional, que seriam decorados só para aplicar em uma prova e descartados logo depois. Não suportava mais essa educação formadora de pessoas que não pensam, programadas para responder tarefas (pré-programadas), ou simplesmente marcadores de gabarito.*

*Aqui, não temos um calendário de provas. A avaliação é diária e contínua, envolve tudo o que você faz, de positivo ou negativo. Ela é combinada diretamente entre o professor e o aluno. Os professores têm liberdade para ensinar e avaliar da maneira que acharem que devem. Se isso dá certo? Nada soa mais alto que resultados. Os alunos escolhem suas matérias conforme sua perspectiva para o futuro, e aprendem o que precisam aprender. Eu tenho aulas de business – empreendedorismo, negócios – e de marketing.*

*Nós respiramos meritocracia. Na minha aula de marketing, posso trabalhar fazendo o design ou a aplicação dele em camisetas; e assim ganhar pontos, os quais consigo trocar por melhores almoços na cantina, abater na lojinha* comprando lápis/canetas personalizados e várias outras coisas. Esses pontos são levados em consideração se você quiser entrar em uma faculdade. Quando chegamos atrasados, ou levamos advertências – por qualquer motivo –, perdemos pontos.

Networking a mil, com salas de aula e trabalhos em grupo que permitem tais conexões! Aprendemos a importância dos relacionamentos na escola. Enfim, os alunos são preparados para a vida, para o mundo, e não treinados como robôs para decorar conteúdos, aplicar na prova e esquecer, sempre mantendo esse ciclo vicioso.

No Brasil, pouco importa se o aluno levará aquele conteúdo para a vida. Desde que tenha conseguido decorá-lo até o momento da prova, está tudo certo! A falta de preocupação com o básico, que é preparar os jovens para o mundo, é no mínimo motivo para uma ampla discussão sobre o assunto. Amo meu país. Mas sabemos, tudo evoluiu; e o que ficou parado no tempo? Um modelo de educação ultrapassado."

**Davi Braga**

**Às vezes, a melhor decisão dos pais é sair do caminho e deixar os filhos passarem; ou ao menos ficar próximo, mas não tanto a ponto de atrapalhar.**

# CAPÍTULO 15
# PESSOAS VÊM ANTES DE TECNOLOGIA E INOVAÇÃO

Você, pai ou mãe, deve estar aproveitando a leitura deste livro para fazer um balanço das mudanças que ocorreram nos últimos anos na sociedade como um todo. E, com certeza, procura se adaptar às evoluções cada vez mais constantes, incrivelmente rápidas e disruptivas. Da nossa geração para cá, nem preciso falar quantos paradigmas foram quebrados ou reinventados!

Sua família e a minha vivem no chamado mundo Vuca (*Volatile, Uncertain, Complex* e *Ambiguous*), conceito criado nos anos 1990, que foi aportuguesado para VICA (Volátil, Incerto, Complexo e Ambíguo).[31] Por causa dele, especialistas nas gerações jovens reafirmam que é preciso atualizar a forma de educar. Por exemplo, questionar deixou de ser sinônimo de rebeldia para ser uma qualidade a ser estimulada.

A todo o momento somos expostos a invenções, novas tecnologias e modismos que desaparecem com a mesma velocidade com que surgiram (como o ambiente virtual *Second Life* e a febre das paletas mexicanas). Torna-se cada vez mais importante valorizar o ser humano e suas experiências adquiridas, em detrimento das conquistas materiais e, principalmente, das sedutoras ilusões das quais ninguém está imune.

---

[31] MENA, Isabela. **Verbete draft: o que é o mundo VUCA.** Draft, [s.l.], 25 out. 2017. Disponível em: https://www.projetodraft.com/verbete-draft-o-que-e-mundo-vuca/. Acesso em: 06 mai. 2020.

Não é preciso ser nenhum especialista para se dar conta de que vivemos na era do perecível, na qual tudo, inclusive as relações humanas, são facilmente descartáveis. Em qualquer sinal de descontentamento é "mais fácil" pular fora e mudar de plano, do que encarar alguns conflitos e buscar soluções.

Usando um termo do sociólogo Zygmunt Bauman, um dos intelectuais mais respeitados da atualidade, são tempos "líquidos" porque tudo muda numa velocidade ímpar. Nada é feito para durar, para ser "sólido". E quem quiser continuar progredindo, tem de saber lidar.

Para tentar se equilibrar nesses tempos de instabilidade, muitos ainda tentam se agarrar ao TER, como se pudesse ser mais importante que o SER. A vaidade e o egocentrismo fazem parte das características desse grupo, que, como bem expressou Bauman, enxerga o progresso como ameaça constante de ser chutado para fora de um carro em aceleração.

Para educar nos dias de hoje, é essencial adotar nova visão, mais desapegada das convenções sociais ligadas ao TER e "nadar em águas limpas", ou seja, abrindo-se a perceber como pode ser interessante comportamentos e posturas diferentes dos que funcionavam numa realidade menos tecnológica e menos veloz.

O que eu percebo, depois de várias fases da minha vida, é que minha visão hoje está bem ampla e meus valores modificaram muito, quase completamente, eu diria. O que julgava importante e necessário quando entramos no ano 2000, por exemplo, já não é mais, muito pelo contrário.

Uma década atrás, eu queria ter o melhor apartamento, carro top importado, relógios caros, roupas só de marca *premium* e, se possível, o maior barco. Hoje, quero um apartamento confortável, um carro decente e, no máximo, um barquinho que comporte a família e alguns amigos. (Pensando bem, mesmo que pudesse, não teria! Combina mais com os dias atuais recorrer à economia criativa e locar a embarcação de alguém por algumas horas.)

Outro dia, perguntei a um advogado que tem uma Mercedes, um escritório lindo e muitas outras ostentações:

– Qual a diferença que esses bens materiais faziam na sua vida, além de satisfazer o ego?

Ele respondeu prontamente:

– João, as pessoas valorizam isso; acham que sou o melhor advogado e de mais sucesso por causa das coisas materiais que eu tenho.

Não falei mais nada para não perder tempo. Entendo a postura dele em relação ao meio em que vive, mas, felizmente, não penso como ele. A minha verdade é que me pego SEM saudades da época em que eu queria aparecer, ser o melhor e, principalmente, o maior no meu segmento.

Meu orgulho se chamava fama e faturamento. Não é mais. Hoje, olho para trás e vejo o tempo gasto, o esforço, o custo e o dinheiro perdido. Sabe por quê? **Nem sempre a aparência, o crescimento em estrutura e vendas trazem FELICIDADE e LUCRO.**

## Transmissão de valores

Minha meta hoje é o resultado. Não me importo se não sou quem mais fatura, o mais famoso ou o que tem a melhor e mais linda estrutura física. Aprendi que há "valores" (no sentido financeiro, definido por cifras) e valores, no sentido de crenças importantes e intangíveis que não têm preço e que fazem a vida valer a pena.

O que realmente importa? Aparecer socialmente como o cara que tem "valores" ou que tem valores? Essa questão é mais profunda ainda quando se tem filhos. Qual o legado você quer deixar para eles? Como pretende ser lembrado (principalmente quando não estiver mais aqui)? Deixar uma herança considerável não garante o futuro deles, dinheiro acaba facilmente se mal administrado.

Essa é a grande diferença que percebo no meu comportamento com o passar dos anos. O que antes, para mim, era importante e representava muito, hoje não representa absolutamente nada! E o melhor: não me envergonho disso! É claro que não virei – e nem pretendo virar – monge ou abrir mão de bens materiais, **só quero mostrar uma outra forma de ver o mundo.**

As palavras que mais admiro atualmente, no campo emocional, são resiliência e equilíbrio. Profissionalmente, digo aos meus filhos que uma receita boa é reunir o comportamento de empreendedor com a prudência de um economista e o conhecimento de um bom administrador, para não ser envolvido nas armadilhas que a vida em sociedade impõe.

No fundo, nossos filhos não precisam mostrar ou provar nada a ninguém, exceto capacidade de agregar valor à sociedade com seu conhecimento e atitudes. Aparências sempre enganaram; por isso tendemos a achar que "a grama do vizinho é sempre mais verde". Será que é mesmo?

Para pais entenderem e aceitarem tudo isso, só com exercício, tempo, cabelos brancos e uma dose de inevitáveis decepções. Vivemos diariamente com tensões, decisões e estresse. Essas situações são inerentes na vida de qualquer pessoa, a questão é: como conviver com tudo isso e ainda manter o equilíbrio?

Por isso volto a falar da resiliência. A palavra *resilio*, do latim, significa voltar ao estado natural. Trata-se de um conceito emprestado pela física que convida a superar as adversidades, cair e se levantar quantas vezes for necessário. Para as ciências humanas, é a capacidade de manter uma conduta sã mesmo num ambiente insano e ressignificar situações muitas vezes traumáticas, saindo delas mais autoconfiante.

## Ainda vamos rir de tudo isso

A beleza e a motivação da resiliência estão em ter o poder de escolher como perceber e responder às situações difíceis. Praticá-la é permitir mudanças nas nossas atitudes diante de qualquer caos do dia a dia. Por incrível que pareça, as adversidades podem extrair o que há de melhor em cada um de nós. Podem despertar capacidades que, em circunstâncias favoráveis, teriam ficado adormecidas.

Nunca sabemos como vamos reagir – e se vamos ou não ficar com raiva – quando vivemos algo inesperado, mas podemos, sim, definir por quanto tempo vamos querer alimentar esse e outros sentimentos negativos e como vamos canalizá-los para uma ação positiva e construtiva. Num mundo VUCA não é uma opção. É solução.

O problema não é o problema, e sim a nossa atitude com relação ao problema. O medo de enfrentá-lo é muitas vezes maior do que nós mesmos. Ele vai acabar atraindo tristeza e impotência diante das decepções e contradições. Daí, a vida dará duas opções: fugir, não se arriscar, ou encarar, disposto a vencer os obstáculos e até a transformá-los em oportunidades.

A famosa frase "ainda vamos rir de tudo isso" é uma verdade. Quando tudo passar – porque passa mesmo! –, aquele problema ficará na memória do passado e servirá como aprendizado. Pode ser apenas um teste para ver se consegue perceber os presentes contidos nele. Quantas pessoas e empresas têm ideias geniais enquanto procuram resolver um problemão?

**PARA SER UM PAI RESILIENTE, E ENSINAR ESSA COMPETÊNCIA AOS FILHOS, EXERCITE:**

- Ser autoconfiante, o que é diferente de fantasiar ser um super-herói.
- Dar-se valor e acreditar naquilo que faz e é capaz de fazer. Em outras palavras, ter autoconceito e autoestima positivos.
- Buscar aceitar, aproveitar as mudanças, mentalizando que sempre são para melhor.
- Encarar as situações de estresse e adversidade como desafios a serem superados, e não problemas limitadores ou intransponíveis.
- Controlar a rigidez de pensamentos, abrindo-se mais a novas experiências e formas de se fazer as coisas.
- Lidar com as emoções para não se desesperar em ambientes imprevisíveis e emergenciais.
- Automotivar-se com seu propósito de vida.
- Empatizar com as emoções de outras pessoas e saber relacionar-se com elas.
- Unir criatividade, concentração e principalmente calma na busca de respostas mais eficazes para os problemas.

> A vida não é sobre coisas e negócios.
> É sobre pessoas.

# PARTE 5
# PENSE ANDANDO, PRATIQUE APRENDENDO

# CAPÍTULO 16
## COISAS QUE O DINHEIRO NÃO COMPRA

Fico observando Mark Zuckerberg, fundador do Facebook, desenvolvendo escolas; Larry Page, da Google, elaborando projeto de carros autônomos, lentes de contato inteligente e até carros voadores; Jeff Bezos, da Amazon, criando sua própria logística; e Larry Ellison, da Oracle, construindo laboratório de sustentabilidade...

São nomes que provavelmente seu filho admira, ou no mínimo reconhece como sendo bem-sucedidos naquilo em que colocam a mão e a inteligência. Tem ainda Elon Musk, da Tesla Motors e outras, trabalhando seu Hiperloop, um sistema de transporte que levita sobre trilhos na velocidade da luz, e almejando colonizar Marte com sua SpaceX.

Gosto ainda de pensar no Bill Gates, da Microsoft, com sua dedicação à filantropia e aos projetos sociais globais. Todos esses profissionais espetaculares estão transferindo suas ambições escaláveis para questões cívicas na educação, saúde, mobilidade, sobrevivência da humanidade.

Posso estar "viajando" nesse pensamento, mas me parece um avanço no *mindset* empreendedor e amadurecimento do Silicon Valley, região norte-americana onde nascem e se desenvolvem negócios inovadores digitais bilionários. Essas pessoas passaram a focar em negócios ainda mais disruptivos, humanitários e que revolucionam diferentes indústrias tradicionais.

Seria uma oportunidade para eles? Ganância? Amadurecimento? Ou a explicação estaria na Pirâmide de Maslow, uma das teorias mais estudadas em administração, que hierarquiza as necessidades humanas a serem satisfeitas, começando pelas fisiológicas e subindo até as que trazem autorrealização?

O que converso com meus filhos é que tanto conhecimento e prática acumulados empreendendo estão levando esses caras a um patamar maior de relevância para a sociedade, que dinheiro nenhum paga. Mais do que isso, essas feras conseguem se sentir, de novo, aprendizes. E você, como pai e mãe, está só correndo atrás de dinheiro ou já subiu de patamar, querendo deixar um legado, fazer algo reconhecidamente valoroso?

## Dar o exemplo não tem preço

Ainda não inventaram nada melhor que o exemplo para educar e orientar nossos filhos. Por isso, preocupe-se antes de tudo em se tornar a cada dia um ser humano melhor. Digo isso porque algumas pessoas se preocupam exclusivamente com sua imagem e trajetória profissional, e se esquecem do quão importante é construir uma base familiar sólida e um convívio social saudável.

Ultimamente tenho pensado muito sobre convívio social e a postura de cada pessoa. Afinal, antes de entender de negócios, é necessário entender um pouco de relacionamento e de gente. Venho observando e colecionando em minhas anotações alguns pontos de atenção sobre comportamentos e a importância da palavra "equilíbrio" para alguém se dar bem na vida como um todo, e não apenas nos negócios.

Na formação de uma pessoa que seja realmente inspiradora para as crianças, destaco quatro pontos que acho fundamentais, sem os quais os demais não serão desenvolvidos ao longo da vida: inteligência, autoconfiança, diplomacia e êxito naquilo que se faz. Mas sem o acompanhamento comportamental certo, essa receita "desanda".

Veja se concorda comigo:

A **inteligência**, sem humildade, te faz perverso.
A **autoconfiança**, sem modéstia, te faz implacável.
A **diplomacia**, sem honestidade, te faz hipócrita.
O **êxito**, sem noção, te faz arrogante.

Em outras palavras, quando muitos de nós chegam ao que – para essas pessoas – seria o "topo", infelizmente perdem sua essência, confundem seus princípios e passam a ter seus valores questionados. Daí, deixam de ser um bom exemplo para os filhos, e ninguém os quer por perto.

Isso pode acontecer por pelo menos seis motivos:

1. Eles têm **riqueza**, mas sem caridade se tornam avarentas.
2. Eles têm **autoridade**, mas sem respeito viram tiranos.
3. Eles são **trabalhadores**, mas, se vivem sem tempo, sentem-se escravos.
4. Eles são **simples**, mas sem autoconhecimento acabam se depreciando.
5. Eles são **influentes**, mas a falta de "semancol" os deixa metidos.
6. Eles têm tantas **certezas**, e zero dúvidas, que cometem ignorâncias.

Seja no ambiente de trabalho, seja dentro de casa ou socialmente, é preciso tomar alguns cuidados para não se tornar um profissional reconhecido, porém uma pessoa indesejável aos olhos dos outros. Isso porque...

A atitude, sem disciplina, te faz um desorganizado. A iniciativa, sem cautela, te faz um descuidado.

A negociação, sem o respeito, te faz rude.

O *networking*, sem a troca, te faz interesseiro. A colaboração, sem empatia, te faz inábil.

**A liderança, sem firmeza, te faz servil.**
**A criatividade, sem transformação, te faz tolo.**

O que tentei mostrar até aqui é a necessidade de haver um equilíbrio. Você pode ter uma qualidade nobre, mas só ela não basta, não cativa, não conquista, não o torna exemplo. Por último, e tão importante quanto as ponderações anteriores, eu destaco alguns pontos que fazem um pai e uma mãe manterem os pés no chão e serem seres humanos incríveis – e não só profissionais de destaque no mercado.

No final das contas, as pessoas vão lembrar de você pelo que é e fez por elas, e não pelos seus títulos e conquistas materiais.

Afinal, conquistar, sem ser grato, te faz egoísta. A riqueza, sem generosidade, te faz ganancioso.

O conhecimento, sem compartilhamento, te faz um inútil. A esperança, sem atitude, te faz um perdedor.

Não sou dono da verdade. Aprendi que que não sei de tudo, então continuo andando, praticando, observando, anotando, absorvendo e compartilhando, como faço aqui. Rodo o Brasil e alguns países, participando de muitos eventos e reuniões ligados à inovação e empreendedorismo, então convivo com muitas pessoas de diferentes idades, Estados e que fizeram escolhas distintas na vida.

Pessoas frias e desumanas não alcançam o sucesso pleno, pelo simples fato de não conquistarem o respeito dos outros verdadeiramente (e muito menos a admiração dos seus filhos). Aprender isso e incorporar em seu dia a dia e vida, não tem preço.

Mesmo com todas as diferenças e oportunidades, uma coisa é certa: para ser reconhecido e respeitado dentro e fora da sua casa, no seu trabalho, por seus vizinhos e amigos, o mínimo que você precisa ser é uma pessoa correta e coerente, e isso independe de quanto dinheiro tem.

> Mostrar que TEM MUITO, falar que SABE TUDO... quem tem essa necessidade geralmente é carente de alguma profundidade ou esconde algo que rejeita em si mesmo. Em minha humilde opinião, gostar de ostentar e de contar vantagens revela CARÊNCIA, essa força poderosa capaz de criar ILUSÕES, como a de enxergar flores onde há só espinhos.

# CAPÍTULO 17
## O VALOR DO AMANHÃ: QUANDO PERSISTIR

Conheço pessoas que passam a vida toda insistindo em seus projetos e sonhos, mas não conseguem ter sucesso em nenhum deles. O ponto que eu quero levantar: não acho errado tentar ou se aventurar em um projeto; muito pelo contrário. Só não adianta insistir em algo sem corrigir seus erros, aprender com eles e aprumar o rumo.

E quando se trata da educar filhos, essa dica precisa ser levada ainda mais ao pé da letra. Como já disse, as mesmas atitudes vão provocar os mesmos resultados – e nem sempre forçar a barra para tentar emplacar sua opinião é a melhor saída.

Basicamente, insistir é fazer as coisas de maneira repetitiva, até obter uma resposta. Para muitos, a maneira mais adequada é tentar e errar até alcançar o acerto. Insistir é também continuar acreditando e agindo da forma que você pensa ser a certa, apesar das evidências contrárias.

Identificou-se com essa conduta acima ou conhece alguém assim? Vamos aos fatos: você tem todo o direito de continuar tentando, mesmo quando tudo parece não dar certo. Entretanto, precisa identificar e saber diferenciar insistência de persistência.

Apesar de serem palavras parecidas em termos de ação, são consideravelmente diversas no significado e nos resultados. Ambas podem ter a conotação de "não desistir de uma ação", mas isso depende muito da maneira que você aplica.

Leia o que a minha experiência prática enxerga de diferente:

Insistência: é tentar, tentar e tentar, sem tempo para planejar e corrigir os erros. Seguir tentando até acertar ou errar novamente. Pode ser que você consiga ou não, pois o resultado vai depender de várias circunstâncias. Sabe quando dá a sensação de estar girando em círculo?

Persistência: para cada falha, você deve se beneficiar ao menos com um aprendizado que vai ajudá-lo a se preparar melhor para o passo seguinte. Ou seja, vai tentar, mas de maneira pensada. Se cometer erros, que sejam novos, não os já cometidos, para sair do lugar.

Para que se entenda a diferença, gosto de citar o caso do Max Levchin, que disse que falhou muito antes de conseguir seu maior feito no mundo dos negócios. Note que a persistência desse empreendedor também se aplica nas nossas relações cotidianas. E você, pai ou mãe, precisa entender o poder dela, para utilizar em casa com seus filhos.

O próprio Levchin já declarou:[32]

> A primeira empresa que eu abri deu completamente errado.
> A segunda deu menos errado, mas ainda assim não vingou.
> A terceira, sabe, foi um fracasso, mas ok (eu me recuperei rápido). A quarta quase não fracassou.
> Mas ainda não foi grande, bem normal. A quinta foi o PayPal.

A tentativa é alavanca para a conquista, dá sabedoria para saltos mais altos. A diferença entre uma pessoa de sucesso (pelo seu próprio esforço) e outra fracassada é o número de tentativas, decepções, provações, problemas e, principalmente, de CORREÇÕES que encara.

Na minha opinião, a persistência é o fator diferencial que separa as pessoas vencedoras das perdedoras. Eu mesmo já desenvolvi e

---

[32] YOUTUBE. **PayPal founder Max Levchin on IPO Market.** Disponível em: https://www.youtube.com/watch?v=E4yvOm8c5bs. Acesso em: 11 jun. 2020.

empreendi em vários negócios, do mundo tradicional e digital, mas sempre motivado por uma vontade imensa de fazer mais, de conquistar, que meus filhos hoje também demonstram ter.

E você, como quer ser lembrado? Qual legado deixará ao seu filho? Meus filhos sabem que tive fracassos e sucessos, experiências positivas e negativas ao longo dessa jornada empreendedora. Mas eu persisti.

Desde 2009, decidi parar de criar novos negócios e comecei a apoiar e investir em negócios de outros empreendedores, porque poderia multiplicar meus resultados. A minha experiência prática como investidor-anjo me permitiu estar sempre em contato com centenas de empresas e empreendedores, fazendo a roda da inovação girar.

Acredito que isso me credencia para montar um resumo, contemplando 26 constatações e revelações que anos de persistência, cabelos brancos, porradas e aprendizados me trouxeram até hoje. Espero ajudar você e seu filho a descobrir o melhor caminho para trilharem juntos daqui para frente. Porque, por fim, a gente entende que o valor do amanhã está nas conquistas e nas escolhas que fazemos no presente.

Importante: essa relação de constatações que tive graças às minhas experiências nos âmbitos pessoal, familiar e profissional não segue nenhuma ordem lógica (ou cronológica). Ela tem como fio condutor a ideia de pararmos de esperar que algo incrível aconteça e passarmos a criar nossas próprias oportunidades persistentemente. Esse é o espírito empreendedor.

Durante o famoso Pisa (teste internacional que avalia a aprendizagem em matemática, leitura e ciências), pesquisadores constataram que os brasileiros e latino-americanos na faixa dos 15 anos estão com baixo nível de persistência, característica que influencia na performance acadêmica e profissional.

Como corrigir? Igual a curar anemia, subindo o nível de ferro. Minha sugestão é não desistir de despertar nesses jovens a vontade de transformar o mundo com espírito empreendedor. Por isso, compartilho essa lista de *insights* que dissemino nos meus negócios e na minha casa.

## 26 constatações e revelações de um pai empreendedor

1. Empreender não é a única alternativa para o futuro, mas é ótima para quem quer mudar o mundo.
2. Quem nunca fez nada de concreto ou não teve um CNPJ no seu nome, mas tenta ensinar aos outros o que nunca executou, é empreendedor só de palco e nada mais.
3. Não se deve internalizar nenhum tipo de censura como culpa por um suposto fracasso. Apenas você deve entender que é o único responsável pelos seus atos, mais ninguém.
4. O fracasso financeiro e pessoal não é "inferno" do empreendedor. Até porque faz parte do aprendizado pessoal e do crescimento profissional.
5. Empreendedor é "bom ouvido", sabe que deve escutar e colaborar sempre que é demandado. Não se baseia apenas em um único livro, coach ou mentor para se influenciar. Ele usa diversos argumentos e experiências de terceiros para trilhar seus próprios caminhos.
6. Empreender nunca foi autoajuda. Não se sustenta só com prosperidade barata e mensagens motivacionais. Dá trabalho.
7. O empreendedor que não se planeja ou não tem metas não vai para o inferno. Apenas não sabe para onde está indo e está mais sujeito a falhar.
8. A pessoa pessimista não está condenada a falhar. Cada um escolhe como quer conduzir a sua vida. O problema é quando seu mantra "isso não vai dar certo" atrapalha as decisões dos outros.
9. É falante ou tímido? Veste a camisa ou é questionador? Não adianta dizer "eu sou assim, nasci desse jeito". Vale a pena descobrir quais são os atributos necessários para ter sucesso naquilo que você quer fazer.
10. Não entendo "sair da caixa" como clichê ou uma fórmula catequética/ideológica. Acredito que é olhar o momento, o ambiente

e o conjunto das coisas por outras perspectivas, não somente a da maioria.

11. No empreendedorismo, as reuniões são abertas e geralmente não tem regras. Algumas aproveitam modelos como Design Thinking, Business Model Canvas e tantos outros para serem mais inovadoras e eficientes.

12. Para empreender, você não precisa nascer rico ou ter todo o dinheiro necessário. Nem largar seu emprego logo de cara. E, claro, não precisa se jogar de um penhasco.

13. As ideias nascem para atender a uma demanda às vezes ainda não mapeada. É como se você olhasse para onde todo mundo está olhando, mas enxergasse o que mais ninguém vê. Ou então é para procurar resolver um problema real.

14. Empreender não significa apenas abrir um negócio. No entanto, nesse mundo cada vez mais competitivo, com empregos mudando ou desaparecendo por causa da tecnologia, é natural que você busque pôr de pé alguma ideia inovadora e disruptiva, seja para se sustentar, seja para fazer algo que ninguém mais faria.

15. Ser vitorioso não é somente ter dinheiro, mas ter resiliência sobre tudo o que acontece ao seu redor. É agir como um combatente e ser feliz assim.

16. Há centenas de livros e artigos com ensinamentos de pessoas que acumularam fracassos e sucessos. Não são como bíblias, apenas tratam de experiências vividas por pessoas reais, boas ou ruins. São narrativas que nos inspiram a compreender como tudo funciona e se desejarmos, servem apenas de referência, não de regra ou doutrina.

17. Ter espírito empreendedor diz respeito ao comportamento, ao *mindset*, à forma de lidar com a vida. Não dita regras ou proibições.

18. Os livros contando a vida dos grandes empreendedores não são para serem seguidos cegamente pelos mais jovens, como se fos-

sem "hagiografias". Ensinar empreendedorismo desde cedo significa mostrar aos jovens que existem oportunidades no mercado além do emprego em regime CLT e de conhecer ambientes além daquele em que vive.

19. Erros ou má fé de empresários não são sinais de iniciativas empreendedoras, mas de exemplos que não devem ser estimulados ou seguidos. A propósito, se está colocado em seus livros como mérito, é sim um sinal de alerta.

20. As biografias dos grandes empreendedores também não devem ser confundidas com crenças mágicas ou um estudo a ser seguido. Não são da mesma forma, manuais do COMO fazer. Como já disse, servem como inspiração.

21. O empreendedorismo começa com sonhos e ideias. Porém, o talento para trabalhar e a capacidade de sonhar são as grandes forças de uma pessoa para realmente fazer a diferença.

22. Um dos diversos paradigmas quebrados pelos experientes é que a vida é dura não apenas com quem é "mole", mas também com quem é "duro". Foi assim comigo!

23. Para começar a empreender em um negócio, você precisa ser um insatisfeito e incomodado, não no sentido negativo, mas no sentido de querer sempre o melhor. Sua insatisfação pode se transformar em um negócio.

24. Se está com medo, vai com medo mesmo, mas não se jogue de um penhasco sem paraquedas. Esse sentimento ao menos faz com que você pense nos riscos e tenha a chance de se preparar para pensar. O único medo que devemos afastar é aquele que sabota, limita, paralisa sua capacidade de se superar.

25. Se você ou seu filho for empreender, pensando pelo lado empresarial, comece pequeno, mas pense grande, seja arrojado e ousado de maneira responsável. Também não infrinja leis e não se prenda apenas ao plano de negócios rígido e imexível! No lado pessoal e emocional, acredite naquilo que quer fazer, persista,

tenha resiliência, espere firme a tempestade passar e avançar. Se for desistir, que seja de maneira consciente.

26. Se existe "magia" no empreendedorismo, está justamente no incompreensível por parte de quem não pratica. A questão é mais simples, vou resumir: aprender; servir; ganhar; colaborar e compartilhar.

> **A palavra mais difícil de dizer é NÃO. E o número mais difícil de mostrar é o do Excel (só que ele vale bem mais que o do PowerPoint).**

# CAPÍTULO 18
## OS GUARDIÕES DA FELICIDADE

**O**s pais são, por essência, os maiores defensores da felicidade dos filhos! Por isso, o medo de não alcançar essa meta se faz presente. E não pense que com os outros pais (mais ricos ou mais instruídos ou mais influentes) é mais fácil.

Em todas as famílias têm broncas, choro e gritaria. Também crianças que desafiam os mais velhos, assim como pais irritados e cansados. Em todas as famílias têm risadas, piadas, provocações, cenas de carinho e quartos bagunçados.

Em todas as famílias têm dor de dente na hora errada, conquistas na hora certa, um tsunami de confusões no lugar das marolas. Em todas as famílias a comida queima e o carro aparece amassado. Em todas as famílias a música desafina, as coisas saem do trilho, a paciência vai parar lá longe.

Seu plano de preparar seus filhos para o futuro falha vez em quando porque educar não é uma delícia 100% do tempo. E é por isso que buscamos informação em livros e reportagens, vamos a reuniões de pais e conversamos com especialistas, até rezamos pedindo alguma luz para contornar imprevistos, transformar hábitos ruins em bons ou lidar melhor com um presente muito.

A verdade é que as palavras têm poder. Isso é fato. Mas muitos pais se esquecem dessa máxima no dia a dia da educação dos filhos. Entender o quanto as palavras ditas são importantes para a saúde física, mental e emocional dos filhos. Aquilo que dizemos aos filhos influencia diretamente na confiança e na autoestima deles. É um interessante convite à reflexão do que nossos pensamentos podem trazer à tona em palavras.

## Cure feridas do passado para ter um futuro melhor

Recentemente assisti a um filme, *Cinema Paradiso*, um clássico italiano de 1988 escrito e dirigido por Giuseppe Tornatore. O enredo gira em torno de Salvatore Di Vita, cineasta italiano.

*Salvatore Di Vita é um cineasta bem-sucedido que vive em Roma. Um dia ele recebe um telefonema de sua mãe avisando que Alfredo está morto. A menção desse nome traz lembranças de sua infância e, principalmente, do Cinema Paradiso, para onde Salvatore, então chamado de Totó, fugia sempre que era possível, depois que terminava a missa (ele era coroinha).*

*No começo, ele costumava espreitar as projeções através das cortinas do cinema, que o padre via primeiro para censurar as imagens que possuíam beijos, e fazia companhia a Alfredo, o projecionsita. Foi ali que Totó aprendeu a amar o cinema.*

*Após um caso de amor frustrado com Elena, a filha do banqueiro da cidade, Totó deixa a cidade e vai para Roma, retornando somente 30 anos ddepois, por causa da morte de Alfredo. Ao final, o Novo Cinema Paradiso, já abandonado, acaba demolido pela prefeitura para construir um estacionamento.*[33]

---

[33] CANNIZZARO, Paulo Roberto. **E alguns filmes que o vento não levou**. Maringá: Viseu, 2018.

Cito este filme por um motivo simples: ele exemplifica bem o que acabei de mencionar acima. Às vezes, não paramos para pensar em como **acontecimentos da nossa infância e juventude influenciam diretamente o adulto que nos permitimos ser.**

O diretor de *Cinema Paradiso* retrata com competência e emotividade a passagem do menino da infância triste (marcada pela morte do pai na guerra) para a vida adulta, tendo o cinema como fio condutor. O amadurecimento do protagonista ocorre de maneira poética, pois seu olhar e sensibilidade foram educados pela arte. E ele ainda teve Alfredo como um mentor!

O fato que quero apontar aqui é que, como pais, não podemos permitir que nosso passado familiar afete o presente e muito menos o futuro com nossos filhos. Para sermos felizes, devemos tratar possíveis traumas ou carências e preencher vazios, para que sejamos pais emocionalmente mais equilibrados.

Se não estivermos bem, como poderemos fazer com que mais alguém fique bem? Salvatore teve a sorte de encontrar em Alfredo um mentor e de tratar suas dores com arte. Não fosse isso, talvez a infância triste e marcada pela ausência do pai tivesse afetado negativamente sua vida – e seu exercício da paternidade também.

O impacto decorrente de pais ausentes ou com mentalidade tóxica, de ambientes agressivos ou de uma criação sem segurança e afeto pode ser difícil de superar se for simplesmente empurrado para debaixo do tapete. Estresse experimentado em idades jovens muda a arquitetura de cérebro e altera estruturas associadas às emoções, formando adultos mais vulneráveis a transtornos psicológicos e sentindo um desamparo profundo.

Olhe só a responsabilidade de uma família nisso! Simplesmente **não dá para pensarmos em sucesso, sem olharmos seriamente para esse núcleo essencial na vida de qualquer pessoa.** Pais como eu, que "querem dar o seu melhor", sabem por onde começar: oferecendo confiança, ânimo, positividade, amor e segurança. A traição nesse apoio ou a carência gerada na família é mais dolorosa do que vinda de um amigo ou colega de trabalho.

## Necessidades essenciais bem nutridas

Vamos chegando ao final deste livro reforçando o que eu disse no início: que a família é o primeiro contato com o mundo social. Mais do que isso, o porto seguro. Onde ninguém pensa que vai ser ferido, traído, decepcionado ou até abandonado. E, caso isso ocorra, os efeitos poderão ser constantes ao longo de nosso ciclo vital.

Uma família é mais do que uma árvore genealógica, um mesmo código genético, os mesmos sobrenomes. Famílias compartilham histórias e legados emocionais. Tudo que vivemos em nosso ambiente mais íntimo deixa um reflexo em nossos genes.

Assim, fatores como carinho, empatia e solidariedade podem ser herdados entre pais e filhos. Isso faz com que sejamos mais suscetíveis a sentir felicidade e reagir com melhores ferramentas diante de situações adversas.

Ainda que nossos filhos partam para estudar ou trabalhar fora, ou se apaixonem por uma pessoa de outra localidade, mesmo estando distantes do círculo familiar, tais lembranças (tomara que boas!) de seu passado seguem presentes.

A educação recebida e o estilo de paternidade ou de maternidade em que fomos criados define as raízes da nossa personalidade e nossa autoestima. O impacto positivo é intenso e poderoso para nossos filhos agirem com segurança e coragem no futuro, sem titubear sobre a própria capacidade, e achando-se digno de realizar sonhos grandes.

Nosso círculo familiar pode nos dar asas ou pode arrancá-las. Espero estar colaborando, com este livro, para "o céu ser o limite", e não o chão. Errar é normal, mas simplesmente achar que tudo vai ficar bem no piloto automático é caminho sem volta. Jamais se esqueça do papel insubstituível que você tem na vida do seu filho!

> **Eu posso ensinar/aprender a olhar para onde todos estão olhando, mas procurando ver o que ninguém está enxergando.**

# CAPÍTULO 19
## VOCÊ + SEU FILHO TRANSFORMANDO O MUNDO

Comece hoje a mudar hábitos e rever seus conceitos sobre os vários assuntos que tratamos até aqui. Principalmente seja dentro da sua casa a mudança que você deseja ver em seu filho e no mundo! Como eles se espelham nos pais, chegou a hora de agir e surpreender. Seja o melhor espelho possível para seu filho.

Independentemente da formação de qualquer pai, o que todos nós projetamos e idealizamos em relação ao futuro dos nossos filhos passa pelo tripé felicidade, realização e força. Tenho certeza de que qualquer pai sentirá a sensação de que seu dever foi cumprido da melhor forma possível, desde que:

1. Eles estejam **felizes** com suas próprias **escolhas** e que elas sejam saudáveis, produtivas, **enriquecedoras** num sentido amplo, que vai além do dinheiro;
2. Sintam-se realizados por estarem **desenvolvendo seus principais talentos** e orgulhosos por contribuírem para um **futuro melhor** para todos;
3. Sejam **fortes** para encarar os constantes desafios da **vida** e transformá-los em **SUCESSO**.

Fiz esta pergunta em vários momentos da vida, nos últimos anos, mas ela continua atual: você, pai ou mãe, considera-se uma pessoa satisfeita, realizada? Se tivesse oportunidade de voltar atrás, tomaria as mesmas decisões? Já se arrependeu, em algum momento, por não ter investido e acreditado em uma ideia antiga?

Sempre é hora de fazer novas e boas escolhas – e que tal encarar esse desafio COM seus filhos? Desde cedo, se você os estimular a terem a postura empreendedora de querer melhorar a realidade sempre, a própria e a de quem está ao redor, certamente vai educá-los melhor. Se dentro de casa já existir essa consciência e prática, tudo ficará mais fácil, porque será um processo natural pensar e agir fora do padrão tradicional de educação.

A famosa Pirâmide de Maslow, que citei anteriormente e fala da teoria da hierarquia das necessidades, revela que o topo que se pode chegar na vida é a autorrealização. Seria alcançado depois de uma pessoa satisfazer as necessidades básicas (fisiológicas e de segurança) seguidas pelas psicológicas (sociais e de autoestima).

Só que o mundo atual está tão conectado e interligado, que basta um ser humano ter um celular com internet para conseguir suprir várias necessidades de todos os níveis da pirâmide. Ou seja, a tecnologia lima hierarquias.

E eu sempre defendi que os pais podem colaborar para que os filhos cheguem lá de uma forma menos engessada. Como tenho um olhar empreendedor, vejo a vida não como uma escada engessada, onde é preciso passar por etapas, uma por uma, degrau após degrau.

Vale subir, descer um degrau para depois subir mais rápido uns três. Ir para o lado, subir de novo, saltar alguns e diferenciar-se da multidão para construir, enfim, algum legado.

Esses são alguns dos fatores que sustentam meus argumentos de pai que procura ser mentor e que embasam a minha decisão de incentivar meus filhos a serem empreendedores na vida. Aliás, já são!

Respeito quem se contenta com o modelo tradicional e formal de educação. Mas, enquanto eu tiver forças, darei exemplos para que o Theo, o Davi e a Maria tenham comportamento mais autônomo, pensante, inquieto, empreendedor.

Realmente acredito que estarão melhor preparados e fortes psicologicamente para enfrentar a competição no novo mundo com disposição para criar as próprias oportunidades e propósito não só de adaptar-se ao mundo.

Se depender dos pais deles, poderão **transformar o mundo num lugar muito melhor!** É o que eu também desejo aos seus e a todos os jovens deste país!

> **O verdadeiro sucesso é viver do seu propósito, influenciar positivamente a sua família e fazer a diferença na vida das pessoas!**

# CAPÍTULO 20
## RAZÕES PARA O INSUCESSO

De maneira geral, o sucesso pode ser definido como um estado de espírito onde é preciso estar bem consigo mesmo e ter o reconhecimento das pessoas que realmente importam para sua vida. Para estar bem consigo mesma, uma pessoa tem que ter valores morais e éticos elevados, como inclusive já vimos nos capítulos anteriores.

Pessoas pouco éticas e imorais não vivem bem consigo mesmas e, consequentemente, torna-se uma tarefa mais difícil serem bem-sucedidas ou realizadas. O ser humano é um ser social que precisa sentir-se reconhecido pelos seus semelhantes, quem diz não se importar com o que os outros pensam está mentindo. Não há quem não se importe com a imagem que passa à sociedade, afinal é nessa sociedade que vive e são os próprios relacionamentos que fazem qualquer pessoa ser o que é – ou lutar para melhorar.

O que os pais precisam entender e passar aos seus filhos é que o sucesso não é só chegar ao topo da escada, mas é ter a coragem de tentar a subida, de empreender, de dar o melhor de si por uma causa que leve as outras pessoas a serem mais felizes e a sociedade a ser melhor. Observe que, dentro dessa linha de pensamento, com certeza você já leu ou viu alguma reportagem dizendo que estudos contemporâneos comprovam que, quanto mais uma pessoa faz as outras felizes, mais feliz se sente e mais sucesso tem. Então, o segredo do sucesso pode começar por aí, seu filho pode ter um propósito para vida dele, ao mesmo tempo, ele poderá fazer outras pessoas felizes também e, de quebra, contribuir de maneira positiva com a sociedade em que vive.

A verdade é que o que é sucesso para um pode não ser para outro, esse é o ponto. Então, para começar a leitura deste capítulo eu sugiro um exercício rápido. Reflita: qual é a medida de sucesso do seu filho? Qual é o limite dele? O que é chegar lá para vocês e o que isso significa?

Assim como o conceito de felicidade e sucesso são particulares e precisam realmente ser, alguns aspectos negativos são comuns a toda e qualquer pessoa, porque se trata de conceitos universais. Seu filho pode até não saber o que quer e onde quer chegar com precisão, mas com certeza ele sabe o que não quer para sua vida. Em contrapartida, os pais sabem que o fracasso, por exemplo, pode se apresentar de diversas formas e maneiras, não deixando de ser doloroso e impiedoso às vezes.

Ao pensar nesse aspecto, elaborei uma lista com as vinte principais razões que podem levar ao insucesso, medida que, a meu ver, serve para qualquer um que pretende alcançar o SEU sucesso. Sabe aquela famosa expressão "Ah, se eu soubesse o que não deveria fazer tudo seria mais fácil."? Bom, depois de ler esse livro, não poderá mais ser empregada pelos pais. Meu objetivo aqui é ser bem didático mesmo, no sentido de dizer o que NÃO fazer para atrapalhar a trajetória do seu filho rumo ao sucesso que ele almeja.

## 1 DEIXAR PASSAR AS OPORTUNIDADES

As oportunidades aparecem para quem aparece para elas. Se você não se colocar à disposição e abrir os olhos para isso, as chances podem passar e você sequer vai perceber. É claro que, para alguns menos favorecidos (financeiramente e em relação ao próprio meio social que vivem), as oportunidades e as chances são muito menores. Mas isso não é motivo para ficar desmotivado ou justificar a falta de coragem para lutar. Os que conseguiram driblar as barreiras que a vida impôs têm em comum as seguintes características: olhar para fora do seu ambiente, ser incomodado, ter criatividade e, em alguns casos, ter estudado muito. A partir disso, essas pessoas começaram a fazer seu próprio caminho e criaram as oportunidades para conquistar o sucesso delas. Lembre-se de que as dificuldades não passam de oportunidades para demonstrar o que sabemos e o que podemos fazer. E como disse o filósofo, ainda no século XVI, Francis Bacon: "o homem deve criar as oportunidades e não somente encontrá-las".

Cada escolha representa uma oportunidade. Cada queda um aprendizado. E cada atitude uma consequência. O simples fato de você estar lendo este livro já o coloca em um grupo privilegiado de pais que têm a oportunidade ilimitada para criar uma vida bem-sucedida (na sua medida) para o seu filho. Observe que se você sempre arruma culpados para sua falta de oportunidade ou transforma as oportunidades em dificuldades para seu filho, então você está criando suas próprias barreiras, desculpas e, claro, criando mais uma razão para o insucesso dele. Você não tem noção do que seu filho é capaz de fazer até realmente deixar ele tentar e apoiá-lo efetivamente.

## 2 DEIXAR QUE SEUS MEDOS SEJAM MAIORES QUE SEUS SONHOS

Eu arriscaria dizer que os medos são os maiores sabotadores do sucesso de qualquer pessoa. O medo tem um poder incrível de paralisar, de fazer um sonhador não ter coragem de lutar para que suas idealizações se realizem, por isso, é fundamental que você compreenda os medos do seu filho que, provavelmente, serão diferentes do seu. Julgar ou tentar ridicularizar o medo do outro nunca será uma boa alternativa.

O medo que impede de alcançar um sucesso extraordinário é o medo do fracasso. Parece paradoxal e até mesmo sem sentido, mas as pessoas não tentam grandes coisas na vida por simples medo de falharem. Mas observe que não tentar já é um grande fracasso, sem dúvida o maior deles! E é nesse sentido que você precisa trabalhar com seu filho. Os grandes vencedores de hoje já falharam várias vezes. Pegue qualquer história de sucesso e você verá que os erros e fracassos são muito mais comuns do que imagina. Dificilmente alguém se propõe a fazer alguma coisa e acerta tudo de primeira.

Há ainda o medo do sucesso, isso mesmo, você não leu errado. Esse é até compreensível quando reflete algum tipo de mudança radical. Qualquer decisão que tome vai sim mudar pontos importantes de sua vida e não são todos os pais e filhos que estão dispostos a mudar. Dependendo da situação, seu filho terá que rever seus valores, suas perspectivas, seu estilo de vida, suas atitudes e mudar até mesmo seu ciclo de amizades ou de cidade. Mas o importante, nesses casos, é não deixar que o medo de perder seja maior que sua vontade de ganhar e de realizar. Se o medo não for controlado em ambos os sentidos, vai ser um inibidor do sucesso dele, por isso, encontrar o equilíbrio, nesse sentido, é fundamental.

**3**

### DEIXAR SE CONTAMINAR POR MÁS INFLUÊNCIAS

Eu já disse, nos capítulos anteriores, o poder e a influência que o ciclo de amizade exerce na vida dos nossos filhos. Em qualquer momento da vida deles, é preciso observar com quem eles se relacionam – até quando eles crescem, adultos também precisam de orientações, às vezes! Os amigos do seu filho são vencedores ou perdedores? Clichê básico: diga com quem andas que direi quem és. Muitas pessoas sofrem por estar em grupos com pares errados. Há um "conforto perverso" em andar com outros do mesmo nível, mas não é bom se associar com pessoas perdedoras até no modo de pensar, aquelas que culpam o mundo, que afirmam que existe escassez ou que adotaram o pensamento de grupo social de mediocridade. Mesmo que, em um primeiro momento, seu filho mantenha sua postura e pratique suas próprias crenças, em algum momento ele provavelmente irá ceder e é aí que mora o perigo, uma vez desvirtuado é difícil reencontrar o caminho de volta.

Exemplo básico: se seu filho tem uma ideia empreendedora fantástica e se compartilhar com seus amigos certos, eles irão estimular e até mesmo poderão contribuir e ajudá-lo a achar meios para que sua ideia ganhe vida. Em contrapartida, se os amigos são acomodados e pessimistas irão desestimulá-lo, em vez de ajudar a colocar o projeto em prática, provavelmente irão achar um milhão de motivos para mostrar que a ideia não é tão boa assim e que não daria certo mesmo.

Se seu filho estiver realmente determinado a criar uma vida bem-sucedida, então ele terá que aprender a escolher a dedo seus parceiros. Ouvir os mesmos conselhos levará aos mesmos resultados sempre. Referências diminuídas farão ele permanecer habitando neste mesmo mundo que lhe foi apresentado por um passado qualquer, porém ainda presente.

## 4 NÃO APRENDER COM OS ERROS

Pessoas bem-sucedidas na vida aprendem com seus erros e também com os dos outros. Às vezes, seu filho não precisa necessariamente cair para ver que dói. Há pessoas que têm a incrível capacidade de absorver as coisas, mesmo que não tenham acontecido com elas mesmas e, para quem opta por viver uma vida empreendedora, essa capacidade é fundamental. Se seu filho é assim, ótimo, mais fácil ainda. Você poderá orientá-lo de maneira mais assertiva, uma vez que ele não precisará testar tudo o que disse para ter certeza. Agora, se ele não é bem assim, terá que descobrir testando e aprendendo com suas próprias descobertas, o que não é ruim, mas vai demandar um pouquinho mais de tempo e paciência dos mentores que já passaram pelas situações.

> **O que os vencedores têm em comum? A persistência, que é não desistir a cada queda ou a cada erro, que é ter a capacidade de recomeçar sempre buscando a melhoria contínua, corrigindo falhas anteriores e traçando novos rumos.**

Mas cuidado, por outro lado, ser insistente é um dos fatores que pode levar uma pessoa a não prosperar. Quem está sempre tentando e tentando, mas comete os mesmos erros de sempre, sem aprender com eles e corrigi-los, fica difícil caminhar para frente.

## 5 LUTAR COM AS PRÓPRIAS FORÇAS, SEM FÉ E SEM CRENÇAS

Nenhum ser humano sobrevive sem alguma fé ou crença, até mesmo os ateus têm suas próprias definições. Mas muito cuidado com o que você acredita e, consequentemente, com que irá passar para seu filho para que ele não se torne escravo de uma ideologia e uma pessoa com visão limitada. Assim, como em outras áreas, os filhos tendem a seguir as escolhas que os pais fizeram sobre o time de futebol que torcem, por exemplo, partido político que simpatizam e com a religião não é diferente. Minha dica, nesse sentido, é que você vai precisar de crenças sim, em relação ao seu próprio filho inclusive, tais como: conhecê-lo melhor, entender os movimentos da vida e saber a medida de sucesso dele. Preocupar-se somente com a saúde do corpo e esquecer da alma é um hábito para lá de perverso – isso serve para os pais e para os filhos! A falta de fé na vida torna a pessoa insensível e isso pode cegar e fazer com que seu filho derrape no caminho para o sucesso.

## 6 NÃO SER EDUCADO E PARAR DE APRENDER

A educação, no sentido formal da palavra, mesmo com todos seus defeitos e limitações como já falei em outras passagens deste livro, ainda é uma grande base para muitas coisas na vida. Vivemos tempos em que os jovens não se fixam em nada e isso é ruim, porque os torna superficiais. Lógico que o ensino tradicional não é a única condição para o sucesso, aliás, já disse também que não é, muito pelo contrário.

Não é difícil de observar que, por um lado, há casos e pessoas de sucesso que não completaram o ensino superior e, por outro lado, PhDs das universidades mais renomadas do mundo que, ainda assim, não conseguem o sucesso que sempre sonharam. O que quero afirmar é que ter educação formal não garante nada, mas vai ajudar, e muito, seu filho a trilhar sua jornada. O aprendizado precisa ser um processo contínuo, as pessoas inteligentes estão cheias de dúvidas e vivem aprendendo. Engana-se quem pensa que ao fazer um curso específico para seu negócio ou ter um diploma significa que você já sabe tudo e que não precisa aprender mais nada. Jovens, principalmente, têm essa mania, seja por falta de experiências ou maturidade; aí, mais uma vez que o pai mentor precisa entrar em ação, para mostrar que a vida é uma eterna escola e conhecimento nunca é demais. Há aqueles também que, mesmo sem estudar e por terem aprendido na prática, acreditam que não precisam se abrir para novos conhecimentos, outro erro.

Uma maneira de manter viva a chama do conhecimento e de se abrir para novas ideias e possibilidades é fazer o que você já está fazendo agora: lendo. Por isso, é preciso investir tempo e dinheiro na educação e formação do seu filho. Mesmo que sejam ações e iniciativas complementares de conhecimento direcionado, é fundamental não limitar a mente do seu filho. Aquele que não aprender nos livros, vai aprender com as porradas da vida.

Perceba que a maioria das pessoas de insucesso pensa que já sabe de tudo. É cheia de ego, de prepotência, arrogância e acaba gastando dinheiro em coisas supérfluas e perde seu tempo com coisas que não agregam valor para o sucesso. "Burro" não é aquele que não sabe, burro é aquele que pensa que sabe tudo ou não quer aprender mais nada.

## 7 NÃO TER NENHUMA DETERMINAÇÃO

Coragem, iniciativa, persistência, resiliência e disciplina são os principais atributos de uma atitude vencedora. Assim, você já sabe de antemão o que seu filho precisa ter para embarcar nesta jornada para a criação do seu sucesso e, acredite, esse equilíbrio será muito testado. As pessoas que não conseguem o seu sucesso é porque não trabalham esses atributos. A determinação é o que você vai precisar quando estiver em momentos que nada parece estar dando certo com os seus planos. Determinação é seguir em frente mesmo quando você não enxerga a ponte do outro lado. É confiar em você, nas suas escolhas e nos seus sonhos. Se seu filho ficar parado e não tiver atitudes firmes, seus resultados serão frutos proporcionais à sua falta de determinação.

## 8 NÃO TER IDEAIS CLAROS

Muitos sabem o que não querem, mas a verdade é que poucos sabem exatamente o que querem. Isso significa que seus ideais não estão claramente definidos. Todos nós podemos dizer o que queremos ser ou como queremos ter sucesso, mas experimente perguntar o que isso significa. A verdade é que seus filhos, assim como a grande parte das pessoas, não serão capazes de explicar com toda exatidão.

Ideais indefinidos são intangíveis que, raramente ou quase nunca, se tornam tangíveis, palpáveis. A afirmação simplista de "eu quero ser bem-sucedido" não é mais significativa do que "eu quero ter um bom carro". O fato é que o pensamento não trabalhado e confuso produz resultados que podem induzir ao imediatismo ou ao erro com muito mais facilidade.

Não ter claro o que você deseja, não ter um propósito e não ter causas para lutar, podem tornar a vida do seu filho sem sentido, sem rumo e até sem esperanças, o que contribui incisivamente para o insucesso.

## 9 NÃO SE ADAPTAR ÀS MUDANÇAS

Existe outra certeza na vida além da morte, a mudança, que faz parte e é necessária. Portanto, entender, aceitar e conviver com isso é um dos segredos das pessoas vencedoras. Claro que mudanças, principalmente para pior, são terríveis de assimilar, de enfrentar, mas muitas vezes não adianta brigar com o que aconteceu. Nutrir o sentimento de derrota, de decepção ou de infelicidade só vai deixá-lo mais triste e desgastado. Lembre ao seu filho que, em meio a qualquer tempestade, é possível aprender e retirar algo de bom, mesmo que seja o aprendizado para não repetir o que fez de errado.

Como a mudança é inevitável nas nossas vidas, é preciso saber negociar, deixar o tempo passar e se adaptar a ela. Seja o que for (boa ou não) seu filho precisa aprender a encarar qualquer mudança como sendo uma possibilidade de recomeçar, ou de fazer as coisas de uma forma diferente, não com desespero ou impaciência.

## 10 NÃO TER PAIXÃO PELO QUE FAZ

Uma pessoa de meias vontades, simplesmente não tem vontade suficiente para ter sucesso. Querer o sucesso não é suficiente, você tem que ter um desejo ardente, uma paixão. Além disso, é preciso ter a energia necessária para levar adiante as coisas do começo até o fim. A grande maioria começa a executar um projeto, mas não consegue chegar nem na metade, seja pelo motivo que for. Um empreendedor não deixa um projeto pela metade, a não ser por um motivo muito convincente ou por uma necessidade extrema.

As pessoas bem-sucedidas são realmente apaixonadas. Nunca deixam ninguém as desanimar com um comentário negativo ou com palavras de cautela, muito menos dão espaço para que haja a semente de qualquer dúvida. É assim que seu filho tem que ser e se portar. O malefício de não amar o que faz é o começo de uma morte anunciada, o insucesso. Uma vida sem paixão não é uma vida, é apenas uma existência. É o brilho no olho que faz qualquer pessoa querer superar suas próprias limitações e fazer mais, cada dia melhor.

## 11 NÃO ENXERGAR AS COISAS PELO LADO POSITIVO

Algumas pessoas só enxergam o lado negativo das coisas, infelizmente. Geralmente são frustradas que leem um artigo ou assistem a uma palestra, por exemplo, e em vez de se inspirarem ou verem o que podem tirar de produtivo para sua vida, ficam criticando, encontrado defeito no autor ou no palestrante. O que para qualquer um seriam palavras e exemplos inspiradores, para os pessimistas se torna de alguma forma uma ofensa.

Os vencedores sabem que devem ficar longe de pessoas negativas, porque elas sempre vão encontrar um problema para cada solução. Sempre vão buscar justificativas para tentar convencê-lo a não fazer.

Os olhos enxergam aquilo que o coração está cheio. Portanto, cuidado para seu filho olhar e não ver as coisas boas da vida. E isso também é uma questão de direcionamento e influências. Quem só consegue se preocupar com o negativo, termina se isolando e não desfrutando das boas companhias e oportunidades que podem ajudá-lo a chegar ao sucesso. Pior do que isso, aquilo que o incomoda e preocupa vai consumir sua mente e guiar suas decisões, para o bem ou para o mal.

## 12 FAZER SOMENTE O QUE FOI DEMANDADO

Tudo na vida é uma questão de postura, de maneira de ver e agir diante das situações. Muitas pessoas limitam-se a fazer aquilo que é sua obrigação, pura e simplesmente. Muitos acham que fazer o que se pede, ou o que já faz, é o suficiente para crescer na vida ou se manter no trabalho. Na verdade, essas pessoas são apenas ordinárias (no bom sentido). Para ter sucesso, é preciso ser extraordinário, ou seja, fazer mais do que foi demando ou solicitado. É ter a capacidade de enxergar além do que a grande maioria vê. Mas como? O primeiro passo é saber que é preciso surpreender, entregando sempre mais ou o dobro do que alguém espera de você, sem esperar nada em troca ou reconhecimento por isso. Desde cedo, seu filho precisa ser "treinado" nesse sentido, cobre mais dele, mostre a importância de surpreender e de alcançar a superação constante dos seus próprios limites. Com o tempo e prática, ser proativo será uma característica natural dele.

## 13 SE PREOCUPAR COM O QUE OS OUTROS PENSAM

Diferente do que muita gente possa ainda pensar, a opinião alheia é sempre importante e serve de termômetro para suas atividades e sua relevância. Mas as pessoas de sucesso procuram, além de separar as críticas entre construtivas e destrutivas, separar também as pessoas que as fazem. Ou seja, a chave do sucesso é desviar dessas "antas" e a chave da felicidade é se afastar dos "idiotas". Nem todo comentário tem fundamento e não precisa ganhar relevância em sua vida, é preciso aprender a separar. Existem pessoas de todo tipo, há gente invejosa, maldosa e calculista. O que seu filho precisa ter em mente é que nem todo mundo pensa e age como ele.

Um ponto que os vencedores têm em comum, nesse quesito, é saber que só existe uma coisa incontestável que faz as pessoas mudarem o que pensam e a opinião sobre eles: os resultados. Só quem não entrega resultado é que fica batendo boca e rebatendo os *haters* e os *losers* que passam nas nossas vidas. Até porque, você nunca será unanimidade, seja para o lado bom ou ruim. Como sempre digo, argumente apenas com interessados, pois com os amigos você não precisa e com os inimigos, as antas e os idiotas, não vai adiantar. Não perca seu tempo e canalize seus esforços para o que realmente interessa.

## 14 SER INCOERENTE

A incoerência é muito comum, até mais do que se imagina, infelizmente. As pessoas de sucesso se preocupam com falar uma coisa e fazer o que falaram. Elas sabem que exemplo é igual a *mouse*, se arrasta. Para quem deseja ser um empreendedor de verdade, não adianta simplesmente dizer "faça o que eu falo, mas não faça o que eu faço". Seu filho precisa saber que grandes líderes e exemplos não alcançam este patamar por acaso ou por sorte. Pelo contrário, precisam ser bons o suficiente para inspirarem e para provocarem nos outros reações de estímulo. E essas pessoas só conseguem isso pelos seus exemplos, sua postura e coerência.

A incoerência pode levar qualquer pessoa ao fracasso, como por exemplo: querer emagrecer, mas continuar comendo em excesso; reclamar que jogam lixo na rua, mas ser pego fazendo o mesmo; criticar os outros, sendo que está cometendo o mesmo erro; manter parceiros e colaboradores pautados por mentiras e pedir a todos sinceridade; exigir lealdade (que na verdade se conquista), mas ser um traidor e por aí vai. No dia a dia somos testados a todo o momento, em situações simples ou extremas é possível demonstrar sua coerência ou incoerência, fique atento.

## 15 — NÃO FAZER POR MERECER

Acredito que todos nós, sem exceção, merecemos conseguir as coisas que queremos da vida. Mas merecer nem sempre significa que você vai conseguir, isso se chama realidade e seu filho precisa estar consciente e saber como as coisas funcionam de verdade. Você tem que merecer e mais ainda, tem que fazer por merecer. As pessoas de sucesso trabalham muito duro para atingir suas metas, até mesmo aquelas que já conseguiram fazer o dinheiro trabalhar para elas.

E seu filho? Merece ter sucesso com as atitudes que tem tido hoje? Essa é a pergunta que precisa ser respondida – por você e seu filho – antes de reclamar de qualquer resultado. A gente simplesmente colhe o que plantou.

Cuidado com os seus "se". Os fracassados ficam apenas no "se acontecesse isso ou aquilo", "se eu tivesse feito aquilo, tudo seria diferente" e ficam apenas esperando, desejando, pensando e fantasiando, sem atitude concreta, sem andar um passo a cada dia e sem um trabalho efetivo em qualquer condição e direção. Então, nessas condições, caso seu filho opte por continuar com a mesma conduta, você vai ficar na rabeta, ainda bem longe do seu objetivo e, claro, sem fazer por merecer.

## 16 — NÃO PLANEJAR O JOGO

Fazendo um paralelo com qualquer jogo, é possível observar algumas situações que podem ser aplicadas em nossas vidas. Como você pode esperar ganhar uma partida se você não conhece o adversário, não treina ou não tem nenhum plano ou estratégia para chegar ao seu objetivo final?

A maioria das pessoas de sucesso consegue planejar e visualizar todo o cenário. Tem a capacidade de olhar o tabuleiro de xadrez de cima antes de cada mexida. É rápida, enxerga lá na frente e, principalmente, sabe ajustar o rumo com base em uma leitura particular da sua própria linha do tempo.

Todo mundo tem sonhos e desejos, mas dá trabalho planejar isso de maneira efetiva. Do contrário, não passarão disso, sonhos que se perderam. O problema é que nem todo mundo faz o que é necessário para cumprir esses sonhos e desejos, é aí que está o X da questão. Não ter o jogo planejado e se aventurar a jogar, sem treinar e, até mesmo, sem um alongamento prévio pode fazer com que você tenha câimbras ao longo do tempo e isso o tire definitivamente do jogo.

## 17 DERROTISMO

Se seu filho não quer ter sucesso, ele ficará se fazendo de vítima, de coitado, por um problema que aconteceu. Pior do que isso é desistir de ser feliz, trabalhar apenas para sobreviver sem nenhuma perspectiva de nada. Fico inconformado com pessoas que simplesmente fazem tudo no automático e que já se conformaram em "não conseguir" as coisas. Não existe momento adequado ou idade certa para tentar e realizar!

A não ser que, realmente, a sua felicidade esteja em ir de casa para o trabalho e do trabalho para casa, note que o tempo vai passando e você vai ficando insensível depois de um tempo e passará gradativamente a não ligar mais para nada. Contanto que tenha onde comer e dormir, o resto passa a não fazer mais sentido e a não ter relevância. Uma pena, porque a vida é tão maravilhosa e nos oferece tantas oportunidades a todo o momento, basta reconhecê-las e aproveitá-las.

Portanto, o pior erro que seu filho pode cometer é se juntar com outras pessoas nessa mesma *vibe* negativa e ficar reclamando de como a vida poderia ser melhor e como ela foi injusta com você. É como um vírus que se espalha e vai contaminando cada vez mais. É preciso evitar e, o pior, isso pega! Se ele vive ouvindo, falando e lendo textos de pessoas que se fazem de vítima, que só reclamam, vai se tornar uma delas, não tenha dúvida, quando perceber estará agindo da mesma forma.

## 18 NENHUMA AÇÃO

Por incrível que pareça, a razão pela qual a maioria das pessoas não consegue seu sucesso é simplesmente porque não faz nada em relação a isso. Pode parecer estranha essa afirmação, mas é a pura verdade. As pessoas fazem todos os tipos de coisas e estão muito ocupadas fazendo e pensando em outras prioridades e, claro, não têm tempo para examinar o motivo do que estão fazendo.

A dica para evitar esse automatismo em relação ao seu filho é: pare, respire e olhe ao seu redor! Você vai ver muita ação frenética, sem qualquer propósito aparente. Pense por um minuto e se pergunte: por que ele está fazendo as coisas que ele faz? Para que finalidade? Para quê? Por quê? Qual o propósito? Qual é exatamente a sua intenção em fazer o que ele faz diariamente em busca dos seus sonhos?

Assumindo, por um momento, que você tenha o desejo de criar uma vida bem-sucedida para o seu filho e que ele já tenha um propósito definido, pergunto: ele está trabalhando nas ações que são fundamentais para criar os resultados que gostaria de ter em sua vida? Não? Então, pode adiar seus sonhos de sucesso.

Como eu disse em outros momentos nesse livro, ser um empreendedor bem-sucedido não está condicionado à sorte ou mágica, mas sim a muito trabalho, estratégia e foco.

## 19 SE ABATER COM O "NÃO"

Um "não" é sempre ruim de receber, mas pode ensinar muito. É preciso incentivar seu filho a "educar" seu cérebro a reagir de maneira positiva quando receber um não. Esse exercício não é fácil, mas vai se tornado mais aceitável com o tempo e com as próprias experiências. Uma vez que isso é entendido e assimilado, passa a ser uma grande ferramenta de engrandecimento e aperfeiçoamento pessoal usada pelos vencedores.

Normalmente, quando um "não" acontece ficamos tristes, muitas vezes até agressivos ou deixamos claro que não aceitamos, ou seja, não assumimos ou incorporamos o "não", até mesmo quando ele é inevitável. Acontece que, para ser vencedor e ter sucesso, é preciso absorver o "não", saber discernir o seu motivo e seguir em frente a partir dele. É importante ensinar ao seu filho também que algumas negativas poderão lá na frente ter sido a melhor coisa que aconteceu, isso só o tempo e as oportunidades mostrarão.

## 20 DINHEIRO NÃO É IMPORTANTE

Essa é uma importante razão para o insucesso e talvez a mais difícil de assimilar. As pessoas, às vezes, perdem a referência e se acomodam, achando que aquilo que têm é suficiente ou que o dinheiro não é o mais importante. O dinheiro sempre vai ser importante, ele permite voos maiores, tranquilidade e experiências diferentes na sua vida, como cultura e viagens, por exemplo.

Quem não almeja isso, não é ambicioso – no bom sentido – e, portanto, pode não conseguir a tranquilidade e a satisfação financeira. Até quem não vive em função do dinheiro precisa dele para conseguir emplacar seus projetos. O dinheiro é uma consequência, é hipocrisia dizer que não pensa nisso ou que não é um objetivo final. Mesmo que seu projeto de vida seja filantrópico, você, no mínimo, vai precisar comer, morar, se deslocar, se vestir e tudo isso custa dinheiro.

Concordo que não devemos viver escravizados pelo dinheiro, mas devemos usá-lo para comprar experiências que vão nos deixar felizes e satisfeitos, afinal, todos nós temos prioridades na vida. Se o dinheiro não estiver entre essas prioridades, simplesmente vai ficar mais difícil tê-lo. E não, não estou falando de desejar só ter dinheiro, mas mentalizar e trabalhar duro para conseguir. Sei que as pessoas de sucesso não fazem o que fazem somente pelo dinheiro, fazem porque gostam, porém, elas, da mesma forma, não podem viver sem o dinheiro.

É claro que existem outros fatores e razões para o insucesso, como não ser detalhista, desistir ou achar que o sucesso depende puramente da sorte, por exemplo. Mas procurei resumir o que entendi ao longo da vida como mais relevante para mim. Anote todos esses pontos e reflita honestamente se você está fazendo errado na hora de conduzir e orientar seu filho. Observe que pode ser uma dessas razões ou um conjunto delas que pode impedir o êxito ou sucesso do seu filho. Mas se todas essas razões não fizerem nenhum sentido para você, que bom, pelo menos vão fazer a sua mente ficar mais forte e protegida para manter e impulsionar o sucesso do seu filho.

**QR Code**
Use um leitor de QR Code do seu celular ou tablet para ver este vídeo.

**Ser rico não é sobre quanto você tem, mas sim sobre quanto você pode dar". A maior herança que um pai pode deixar para um filho é seu exemplo. O que realmente fica no final não é o valor que você deixará na sua conta bancária, mas sim tudo que você o ensinou e, principalmente, tudo o que você se tornou para ele, o que você vai deixar para seu filho?**

# CONCLUSÃO
## O QUE IMPORTA É RESULTADO

**N**ós sabemos que não há como a gente não se preocupar com o que os outros pensam e falam de nós (claro que dando importância a quem realmente a merece e emite uma opinião relevante), principalmente para as crianças e adolescentes, que ainda são inseguros e não conseguem distinguir com clareza, o que realmente importa ou quem importa de verdade para eles. Em meio a todas as incertezas comuns à idade, as preocupações nessa linha passam por: "Por que fulano pensa isso de mim?", "Por que ele fala mal de mim?", "Por que não curtem, comentam ou compartilham o que eu escrevo?", "Por que não faço parte daquela turma?", "Por que preferem A ou B e não meu nome?", "Por que não fui convidado?". Enfim, essas e muitas outras "neuras" podem fazer parte do dia a dia de seu filho, mas é preciso encontrar um equilíbrio e assumir o papel de protagonista da sua própria vida, não de excluído do mundo. Esse deve ser o papel dos pais, orientar quanto à importância de o filho buscar este equilíbrio constante na vida e de superar pensamentos desse tipo.

O que você, pai ou mãe, precisa passar para o seu filho é que tudo o que a outra pessoa fala ou pensa sobre ele, é uma questão de perspectiva, única e exclusivamente.

> **O que as pessoas pensam diz respeito à percepção que elas têm de você naquele momento. Erradas ou certas, é assim que acontece.**

Observe ainda que se trata, nesse sentido, de percepções particulares, ou seja, não adianta você tentar agir de uma forma ou de outra para tentar impressionar ou passar uma imagem que você gostaria que o outro enxergasse. Por mais que haja esforço, ainda assim, provavelmente, você não conseguiria alcançar seu objetivo simplesmente porque não depende só de você.

O que as pessoas sabem sobre você diz respeito ao que está sendo divulgado e também sobre sua postura, seu comportamento, sua forma de falar, de se posicionar e se relacionar publicamente. Esses sim são elementos reais e concretos para que as pessoas criem uma imagem de você, para o bem ou para o mal.

Imagem pessoal é a marca que você deixa nas pessoas, é como será lembrado, "é o seu cartão de visita". Agir com elegância, discrição e, sobretudo, ética é um passo a mais para o sucesso.

Como fazer da imagem pessoal uma estratégia no mundo dos negócios? A verdade é que hoje, para ser eficiente, o marketing pessoal deve ser sutil e inteligente, a começar pela aparência. Desfilar grifes, por exemplo, não faz de você um profissional respeitado. O resultado pode até ser o contrário e revelar que, na falta do que falar, você esbanja na aparência.

Parece óbvio, mas não é! O que as crianças precisam saber e entender desde cedo é que se as pessoas não valorizam você, é porque a percepção delas sobre o que efetivamente sabem de você está errada ou equivocada. Mas e aí, o que fazer? Geralmente o que a grande maioria faz é correr para tentar argumentar, mostrar outros pontos de vista, conversar, fazer marketing, divulgar seus feitos e esconder seus defeitos. Pode até ser que isso funcione, mas, na minha opinião e experiência, a única forma de mudar o que as pessoas pensam sobre você é por meio de uma única e poderosa palavra: resultados.

Quando qualquer pessoa conquista seu espaço pelos resultados concretos, ela consegue mudar para sempre a percepção que os outros têm e que, consequentemente, acabam registrando coisas positivas e efetivas na mente delas sobre você. O resultado é inquestionável, ele tem a força de transformação do mapa mental, por isso, o trabalho tem que ser no sentido de orientar seu filho a focar seus esforços nessa linha, de que ele não precisará mais mudar o que as pessoas pensam sobre ele. Dos resultados vêm a sua reputação e sua relevância.

E para obter os resultados almejados, seu filho precisa ser competente, ou seja, ter habilidade, atitude e conhecimentos. Ter competência é ter a capacidade de mobilizar conhecimentos, valores e decisões para agir de modo pertinente numa determinada situação.

O professor, escritor e consultor administrativo Peter Drucker foi enfático ao afirmar que "eficiência é fazer certo as coisas, eficácia são as coisas certas".[34] E complementa: o resultado depende de "fazer certo as coisas certas". Partindo desse entendimento, temos as seguintes definições:

- **EFICIÊNCIA:** é fazer certo; é o meio para se atingir um resultado; é a atividade, ou aquilo que se faz.
- **EFICÁCIA:** é a coisa certa; é o resultado; o objetivo: é aquilo para que se faz, isto é, a sua missão.

Quando uma pessoa consegue alcançar o respeito e a admiração dos outros, ela passa a ser vista como uma referência pelo que faz ou vive. Pessoas assim costumam inspirar, ser lembradas por seus feitos e resultados por muito tempo, afinal histórias de sucesso, de conquistas e de superação sempre terão espaço e notoriedade em qualquer época.

---

[34] TRABALHOS FEITOS. **Plano de negócio.** Disponível em: https://www.trabalhosfeitos.com/ensaios/Plano-De-Negocio/184561.html. Acesso em: 11 jun. 2020.

A exceção vai para as pessoas negativas, os *haters* ou os *losers*. Para elas, não importa o seu ótimo resultado e sua boa reputação, pois serão sempre contra você. A boa notícia é que, nesse caso, elas serão apenas a minoria, por isso, se afaste e fique bem longe do alcance delas.

Resumindo, se seu filho não está satisfeito com a própria imagem, ou em relação ao que as pessoas dizem sobre ele, só existe uma coisa capaz de mudar este cenário: os resultados que ele precisa mostrar.